高职信息服务校企合作教材

ERP 应用实训教程
——金蝶 K/3 版

主　编　孙　晶　赵　颖
副主编　戴　飞　陈　平　黄春兰

东南大学出版社
SOUTHEAST UNIVERSITY PRESS
·南京·

内容提要

本书是高职高专院校信息管理类和经管类的 ERP 应用实训教材。本书从管理类专业的角度，以金蝶 K/3V 11.0.1 版本为设计基础，对 ERP 应用进行编写。本书共分为三个部分：ERP 理论概述、案例、ERP 实践训练。在实践训练环节，共有九大任务，从账套的新建到最终的财务管理。整个实验任务内容设计完整、流程清晰，配有插图，有利于培养学生的实践操作能力。

本书可作为高职高专信息管理类和经管类专业的实训教材，也可以作为中小企业了解 ERP 应用原理的业务培训书或学习参考书。

图书在版编目(CIP)数据

ERP 应用实训教程：金蝶 K/3 版/孙晶，赵颖主编．—南京：东南大学出版社，2015.1（2021.8 重印）
高职信息服务校企合作教材
ISBN 978-7-5641-5472-1

Ⅰ.①E… Ⅱ.①孙… ②赵… Ⅲ.①企业管理—计算机管理系统—高等职业教育—教材 Ⅳ.①F270.7

中国版本图书馆 CIP 数据核字(2015)第 006058 号

ERP 应用实训教程——金蝶 K/3 版

主　　编	孙　晶　赵　颖	责任编辑	陈　跃
电　　话	(025)83795627/83362442(传真)	电子邮件	chenyue58@sohu.com
出版发行	东南大学出版社	出 版 人	江建中
地　　址	南京市四牌楼 2 号	邮　　编	210096
销售电话	(025)83794121/83795801		
网　　址	http://www.seupress.com	电子邮箱	press@seupress.com
经　　销	全国各地新华书店	印　　刷	广东虎彩云印刷有限公司
开　　本	787 mm×1 092 mm　1/16	印　张	9
字　　数	230 千		
版印次	2015 年 1 月第 1 版　2021 年 8 月第 2 次印刷		
书　　号	ISBN 978-7-5641-5472-1		
定　　价	35.00 元		

＊本社图书若有印装质量问题,请直接与营销部联系。电话:025-83791830

前 言

"ERP应用实训"是高职高专院校信息管理类和经管类的平台课程和岗位能力课程。随着信息技术的发展，中小企业对信息化人才的需求急剧增加，为了满足中小企业管理的需求，编者从管理类专业的角度针对金蝶K/3软件编写了《ERP应用实训教程——金蝶K/3版》。整个教材实践性强，环环相扣，对于高职高专院校的信息管理和经济管理类专业学生而言，是一本不可多得的实践性教科书。

金蝶K/3 ERP系统以企业战略管理为核心设计思想，对覆盖产品(服务)价值链业务的流程进行全面的计划、组织和协调，并对价值链业务进行了有效处理和有效控制管理。针对企业战略管理的特点，强调了对企业基础数据、基本业务流程、内部控制、知识管理、员工行为规范等管理，通过丰富的工具与方法有机整合并提供贯穿企业战略管理全过程所需的决策信息，实时监控战略执行过程中的问题，帮助企业创造持续增长的核心竞争力。整个教材以简化的虚拟企业为背景，反映了普通制造企业的基本特征，主要包括企业的行业背景、主要产品、组织结构等，重点介绍企业ERP基本业务实施流程。因此说，本教材具有实用性强、实践性强等特点。

本教材是由南京信息职业技术学院孙晶、赵颖主编，戴飞、陈平、黄春兰任副主编，其中陈平编写第1章，赵颖、孙晶、黄春兰编写第3章，戴飞编写第2章和附录，全书由孙晶统稿。

本书在编写过程中得到了南京信息职业技术学院信息服务学院的大力支持，在此表示衷心的感谢！非常感谢江苏金蝶软件有限公司的工程师申成联、郑钥宁等企业员工给本书的编写提供了大量的信息化软件操作素材，再次感谢他们为本教材出版所做出的艰苦努力！东南大学出版社也为本教材的出版发行给予了极大的帮助，是他们的辛勤工作才能使本书与读者见面，借此机会表示由衷的感谢！

由于编者水平有限，书中错误或不当之处在所难免，敬请广大读者批评指正。

编　者

2015年1月

目 录

第1章 ERP理论概述 ·· 1
1 ERP理论基础 ·· 1
- 1.1 ERP的基本概念 ·· 1
- 1.2 ERP的发展历程 ·· 3
- 1.3 ERP的核心管理思想 ···································· 10
- 1.4 ERP的发展趋势 ··· 14

2 金蝶K/3 ERP管理系统 ······································ 16
- 2.1 金蝶公司简介 ·· 16
- 2.2 金蝶K/3系统的特点 ···································· 17
- 2.3 金蝶ERP系统管理内容 ································ 18

第2章 案 例 ··· 21
1 案例背景 ·· 21
2 基础数据 ·· 21
- 2.1 电脑产品结构图 ··· 21
- 2.2 计量单位 ··· 22
- 2.3 客户信息 ··· 22
- 2.4 部门信息 ··· 22
- 2.5 职员信息 ··· 23
- 2.6 仓库信息 ··· 23
- 2.7 供应商信息 ·· 24
- 2.8 物料信息 ··· 24
- 2.9 初始数据信息 ··· 24

第3章 ERP实践训练 ·· 26
1 实验任务一 案例账套的新建、恢复及备份操作 ········· 26
2 实验任务二 系统初始化 ···································· 45
3 实验任务三 销售订单业务 ································· 61
4 实验任务四 物料清单管理 ································· 66
5 实验任务五 物料需求计划 ································· 71

· 1 ·

6 实验任务六 采购管理	80
7 实验任务七 生产制造	91
8 实验任务八 销售管理	98
9 实验任务九 财务管理	107

附　录 ······ 115

实务题一 财务会计/总账＋报表	115
实务题二 财务会计/总账＋报表＋固定资产	120
实务题三 供应链	124
实务题四 生产制造1	127
实务题五 生产制造2	129
实务题六 人力资源/薪酬核算	131

参考文献 ······ 136

第 1 章

ERP 理论概述

1 ERP 理论基础

1.1 ERP 的基本概念

企业资源计划或称企业资源规划，又简称 ERP（Enterprise Resource Planning），是由美国著名管理咨询公司 Gartner Group Inc 于 1990 年提出的。Gartner Group 公司提出的 ERP 定义的主要内容是：ERP 就是用于描述下一代制造业和制造资源计划（Manufacturing Resource Planning，MRP Ⅱ）的一种软件。这种软件的概念，迅速为全世界商业企业所接受，现已经发展成为现代企业管理理论之一。企业资源计划，是指建立在资讯技术基础上，以系统化的管理思想，为企业决策层及员工提供决策运行手段的管理平台。企业资源计划也是实施企业流程再造的重要工具之一，属于大型制造业所使用的公司资源管理系统。世界 500 强企业中有 80% 的企业都在用 ERP 软件作为其决策的工具和管理日常工作流程，其功效可见一斑。接着，我们通过下面的案例来解读 ERP 的概念。

家庭请客吃饭

一天中午，丈夫在外给家里打电话。

丈夫："亲爱的老婆，晚上我想带几个同事回家吃饭可以吗？"（订货意向）

妻子："当然可以，来几个人，几点来，想吃什么菜？"

丈夫："6 个人，我们 7 点左右回来，准备些酒、烤鸭、番茄炒蛋、凉菜、蛋花汤……你看可以吗？"（商务沟通）

妻子："没问题，我会准备好的。"（订单确认）

妻子："我得记下需要做的菜单。"（订单记录）

妻子："具体要准备的菜，鸭、酒、番茄、鸡蛋、调料……"（BOM，Bill of Material，物料清单）

妻子："做这么多菜，需要：1 只鸭，5 瓶酒，4 个番茄。"（BOM 展开）

妻子："炒蛋需要 6 个鸡蛋，蛋花汤需要 4 个鸡蛋。"（共用物料）

妻子："我得打开冰箱看一看，菜够不够。"（库存查询）

妻子："怎么只剩下 2 个鸡蛋了，我得去菜市场买点去"。（缺料）

来到自由市场。

妻子："请问鸡蛋怎么卖？"（采购询价）

小贩："1 个 1 元，半打 5 元，1 打 9.5 元。"

妻子："我只需要8个,但这次买1打。"(经济批量采购)

妻子："这有一个坏的,换一个。"(验收,退料,换料)

回到家中。

妻子："我得先做一下准备工作,先洗菜切菜炒菜……"(工艺路线)

妻子：再把燃气灶微波炉电饭煲等清洗一下……(工作中心,设备维护)

妻子："发现拔鸭毛太费时间了……"(瓶颈工序,关键工艺路线)

妻子："用微波炉自己做烤鸭可能就来不及……"(产能不足)

妻子："还是到餐厅里买现成的吧"(产品委外)

妻子："都6:30了,烤鸭咋还没送来,得电话问一下,喂,我是李太,怎么订的烤鸭还没送来。"(采购委外单跟催)

餐厅主管："不好意思,送货的人已经走了,可能是堵车吧,马上就会到的……"(确认采购在途)

门铃响了……

送外卖的："李太,您要的烤鸭。请在单上签个字。"

(验收入库转应付账款)

我们可以将上面的请客吃饭的情景,用图1-1表示出来。

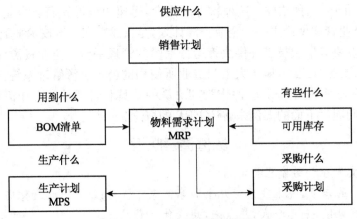

图1-1　MRP的逻辑流程图

由上例可以看出,对于企业来说,ERP的核心就是解决企业三大计划即销售计划、采购计划、生产计划的平衡,是MRPⅡ的下一代企业信息系统,其主要内涵是："打破企业壁垒,把信息集成的范围扩大到企业的上下游,管理整个供应链,实现供应链的制造。"

近年来,针对ERP的研究不断深入,人们对ERP有了新的认识:首先ERP是一种先进的管理思想,是一整套企业管理系统体系标准,其实质是在"制造资源计划"(MRPⅡ)基础上进一步发展而成的面向供应链的管理思想;其次,ERP是一个软件产品,是综合应用了客户机/服务器体系、关系数据库结构、面向对象技术、图形用户界面、第四代语言、网络通讯等信息技术成果,也是以ERP管理思想为灵魂的软件产品;其三,ERP还是一套完整的管理系统,它整合了企业管理理念、业务流程、基础数据、人力物力、计算机硬件和软件于一体的企业资源管理系统。

综上所述,ERP是整合了企业管理理念、业务流程、基础数据、人力物力、计算机硬件和软件于一体的企业资源管理系统,是先进的企业管理模式,是提高企业经济效益的解决方案。其主要宗旨是对企业所拥有的人、财、物、信息、时间和空间等综合性资源进行综合平衡和优化管理,协调企业各管理部门,围绕市场导向开展业务活动,提高企业的核心竞争力,从而取得最好的经济效益。所以说,ERP 不仅是一个软件,同时是一个管理工具。它是 IT 技术与管理思想的融合体,也就是先进的管理思想借助电脑来达到管理企业的目标。

1.2 ERP 的发展历程

自 18 世纪产业革命以来,手工业作坊向工厂生产的方向发展,出现了制造业。随之而来,所有企业几乎无一例外地追求着基本相似的营运目标,即实现企业资源(包括资金、设备、人力等)的合理有效的利用,以期达到企业利润最大化。这一基本目标的追求使制造业的管理者面临一系列的挑战,如:生产计划的合理性、成本的有效控制、设备的充分利用、作业的均衡安排、库存的合理管理、财务状况的及时分析等等。日趋激烈的市场竞争环境使上述挑战对企业具有生死存亡的意义。

于是,应付上述挑战的各种理论和实践也就应运而生。在这些理论和实践中,首先提出而且被人们研究最多的是库存管理的方法和理论。这期间的研究主要是寻求解决库存优化问题的数学模型,而没有认识到库存管理本质上是一个大量信息的处理问题。直至 20 世纪 50 年代中期,计算机的商业化应用开辟了企业管理信息处理的新纪元。这对企业管理所采用的方法产生了深远的影响。在库存控制和生产计划管理方面,这种影响比其他任何方面都更为明显。

1957 年,美国 27 位生产与库存控制工作者创建了美国生产与库存控制协会(American Productionand Inventory Control Association,APICS),旨在研究、交流与宣传生产与库存控制的原理与技术。1960 年前后,由 APICS 的物料需求计划(Material Requirement Planning,MRP)委员会主席 Joseph Orlicky 等人第一次运用 MRP 原理,开发了一套以库存控制为核心的微机软件系统。APICS 的成立与第一套 MRP 软件的面世,标志着现代企业管理软件的发展开始起步。经过近 40 年的发展,目前企业管理软件产业欣欣向荣,至 20 世纪 90 年代,在世界范围内涌现出几百家专门从事企业管理软件开发与经销的公司,形成了百花齐放的局面。纵观企业管理软件的发展过程,我们会看到,企业管理软件的每一步发展均与社会经济发展阶段以及企业所处竞争环境的变化息息相关,主要可以划分为以下 5 个阶段。

1.2.1 订货点法

订货点法又称订购点法,始于 20 世纪 30 年代。订货点法指的是:对于某种物料或产品,由于生产或销售的原因而逐渐减少,当库存量降低到某一预先设定的点时,即开始发出订货单(采购单或加工单)来补充库存,直至库存量降低到安全库存时,发出的订单所订购的物料(产品)刚好到达仓库,补充前一时期的消耗,此一订货的数值点,即称为订货点。

订货点法也称为安全库存法。从订货单发出到所订货物收到这一段时间称为订货提前期。

订货点的基本公式是:

$$订货点 = 单位时间的需求量 \times 订货提前期 + 安全库存量$$

如果某项物料的需求量为每周 100 件,提前期为 6 周,并保持 2 周的安全库存量,那么,该项物料的订货点可如下计算:

$100 \times 6 + 200 = 800$(件)

当某项物料的现有库存和已发出的订货之和低于订货点时,则必须进行新的订货,以保持足够的库存来支持新的需求。

订货点法本身具有一定的局限性。例如,某种物料库存量虽然降低到了订货点,但是可能在近一段时间企业没有收到新的订单,所以近期内没有新需求产生,暂时可以不用考虑补货。故此订货点法也会造成较多的库存积压和资金占用。

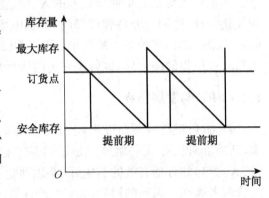

1.2.2 物料需求计划 MRP

订货点法的假设条件是:对各种物料的需求是相互独立的;物料需求是连续发生的;提前期是已知的和固定的;库存消耗之后,应被重新填满。由于这些假设条件在现实中很难成立,从而难以解决"何时订货"这一库存管理中的核心问题。

1965 年美国 IBM 公司的约瑟夫·奥利基博士提出通过采用物料需求计划(Material Requirement Planning,MRP)系统,企业可以整整地实现在正确的时间、正确的地点得到正确数量的正确物料的管理目标,并且提出了主生产计划(Master Production Schedule,MPS)的概念。

约瑟夫·奥利基博士认为可将物料需求区分为独立需求和相关需求。独立需求是指需求量和需求时间,由企业外部的需求来决定,如客户订购的产品、科研试制需要的样品、售后服务维修需要的备品备件等;相关需求是指根据物料之间的结构组成关系,由独立需求的物料所产生的需求,例如半成品、零部件、原材料等的需求。独立需求来自企业外部,可通过预测和顾客订货来确定;相关需求发生在制造过程中,需要通过计算得到。

其工作过程如图 1-2 所示。

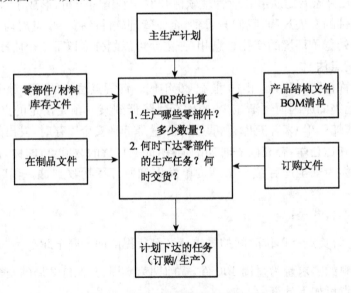

图 1-2 开环 MRP 的工作过程图

MRP 是计算机技术对物料计划和生产管理最初的形式。基于将要完成的产品、当前的库存状况、已经分配出去的物料和在途物料等信息，MRP 可以快捷、准确地生成物料采购作业计划和生产作业计划。这样，物料管理和计划管理中的错误就会大大减少，管理效率大大提高。这个阶段称为开环的 MRP 阶段，其结构原理如图 1-3 所示。

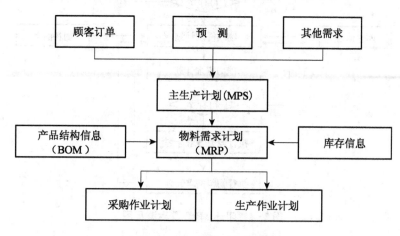

图 1-3 MRP 结构原理图

开环 MRP 的局限性主要存在以下几方面的问题：
(1) 已有了主生产计划，并且主生产计划是可行的。
(2) 生产能力是可行的，即生产设备和人力能保证生产计划的实现。
(3) 物料采购计划是可行的，即供货能力和运输能力能保证完成物料的采购计划。
(4) MRP 的运行结果还需要人工介入进行判断，不具反馈调节功能。

1.2.3 闭环 MRP

20 世纪 60 年代的开环 MRP 能根据有关数据计算出相关物料需求的准确时间与数量，但它还不够完善，其主要缺陷是没有考虑到生产企业现有的生产能力和采购的有关条件的约束。因此，计算出来的物料需求的日期有可能因设备和工时的不足而没有能力生产，或者因原料的不足而无法生产。同时，它也缺乏根据计划实施情况的反馈信息对计划进行调整的功能。

正是为了解决以上问题，MRP 系统在 20 世纪 70 年代发展为闭环 MRP 系统。闭环 MRP 系统除了物料需求计划外，还将生产能力需求计划、车间作业计划和采购作业计划也全部纳入 MRP，形成一个封闭的系统。

1) 闭环 MRP 的原理与结构

MRP 系统的正常运行，需要有一个现实可行的主生产计划。它除了要反映市场需求和合同订单以外，还必须满足企业的生产能力约束条件。因此，除了要编制资源需求计划外，我们还要制定能力需求计划(Capacity Requirement Planning，CRP)，同各个工作中心的能力进行平衡。只有在采取了措施做到能力与资源均满足负荷需求时，才能开始执行计划。

而要保证实现计划就要控制计划，执行 MRP 时要用派工单来控制加工的优先级，用采购单来控制采购的优先级。这样，基本 MRP 系统进一步发展，把能力需求计划和执行及控制计划的功能也包括进来，形成一个环形回路，称为闭环 MRP，如图 1-4 所示。

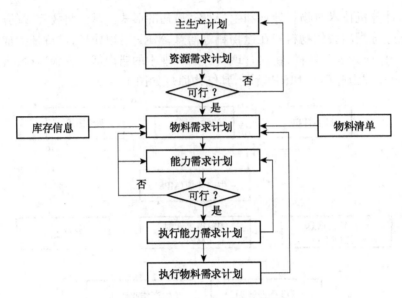

图 1-4 闭环 MRP 逻辑流程图

因此,闭环 MRP 则成为一个完整的生产计划与控制系统。

2) 能力需求计划(CRP)

(1) 资源需求计划与能力需求计划

在闭环 MRP 系统中,把关键工作中心的负荷平衡称为资源需求计划,或称为粗能力计划,它的计划对象为独立需求件,主要面向的是主生产计划;把全部工作中心的负荷平衡称为能力需求计划,或称为详细能力计划,而它的计划对象为相关需求件,主要面向的是车间。由于 MRP 和 MPS 之间存在内在的联系,所以资源需求计划与能力需求计划之间也是一脉相承的,而后者正是在前者的的基础上进行计算的。

(2) 能力需求计划的依据

① 工作中心:它是指各种生产或加工能力单元和成本计算单元的统称。对工作中心,都统一用工时来量化其能力的大小。

② 工作日历:它是指用于编制计划的特殊形式的日历,它是由普通日历除去每周双休日、假日、停工和其他不生产的日子,并将日期表示为顺序形式而形成的。

③ 工艺路线:它是一种反映制造某项"物料"加工方法及加工次序的文件。它也说明加工和装配的工序顺序,每道工序使用的工作中心,各项时间定额,外协工序的时间和费用等。

④ 由 MRP 输出的零部件作业计划。

(3) 能力需求计划的计算逻辑

闭环 MRP 的基本目标是满足客户和市场的需求,因此在编制计划时,总是先不考虑能力约束而优先保证计划需求,然后再进行能力计划。经过多次反复运算,调整核实,才转入下一个阶段。能力需求计划的运算过程就是把物料需求计划订单换算成能力需求数量,生成能力需求报表。这个过程可用图 1-5 来表示。

当然,在计划时段中也有可能出现能力需求超负荷或低负荷的情况。闭环 MRP 能力计划通常是通过报表的形式(直方图是常用工具)向计划人员报告之,但是并不进行能力负

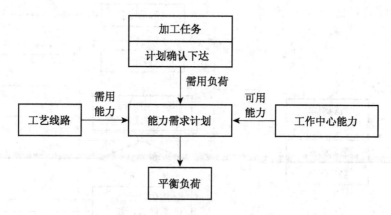

图 1-5 能力需求报表生成过程

荷的自动平衡,这个工作由计划人员人工完成。

3) 现场作业控制

各工作中心能力与负荷需求基本平衡后,接下来的一步就要集中解决如何具体地组织生产活动,使各种资源既能合理利用又能按期完成各项订单任务,并将客观生产活动进行的状况及时反馈到系统中,以便根据实际情况进行调整与控制,这就是现场作业控制。它的工作内容一般包括以下四个方面:

车间订单下达:订单下达是核实 MRP 生成的计划订单,并转换为下达订单。

作业排序:它是指从工作中心的角度控制加工工件的作业顺序或作业优先级。

投入产出控制:它是指一种监控作业流(正在作业的车间订单)通过工作中心的技术方法。利用投入/产出报告,可以分析生产中存在的问题,采取相应的措施。

作业信息反馈:它主要是跟踪作业订单在制造过程中的运动,收集各种资源消耗的实际数据,更新库存余额并完成 MRP 的闭环。

1.2.4 制造资源计划 MRP Ⅱ

闭环 MRP 系统的出现,使生产活动方面的各种子系统得到了统一。但这还不够,因为在企业的管理中,生产管理只是一个方面,它所涉及的仅仅是物流,而与物流密切相关的还有资金流。这在许多企业中是由财会人员另行管理的,这就造成了数据的重复录入与存储,甚至造成数据的不一致。

于是,在 20 世纪 80 年代,人们把生产、财务、销售、工程技术、采购等各个子系统集成为一个一体化的系统,并称为制造资源计划(Manufacturing Resource Planning)系统,英文缩写还是 MRP,为了区别物流需求计划(亦缩写为 MRP)而记为 MRP Ⅱ。

MRP Ⅱ 的基本思想就是把企业作为一个有机整体,从整体最优的角度出发,通过运用科学方法对企业各种制造资源和产、供、销、财各个环节进行有效地计划、组织和控制,使它们得以协调发展,并充分地发挥作用。MRP Ⅱ 的逻辑流程图如图 1-6 所示。

在流程图的右侧是计划与控制的流程,它包括了决策层、计划层和执行层,可以理解为经营计划管理的流程;中间是基础数据,要储存在计算机系统的数据库中,并且反复调用。这些数据信息的集成,把企业各个部门的业务沟通起来,可以理解为计算机数据库系统;左侧是主要的财务系统,这里只列出应收账、总账和应付账。各条连线表明信息的流向及相互

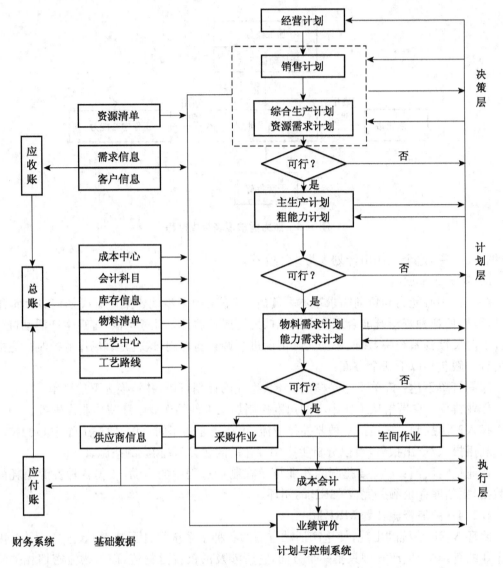

图 1-6 MRP Ⅱ 逻辑流程图

之间的集成关系。

MRP Ⅱ 管理模式的特点：

MRP Ⅱ 的特点可以从以下几个方面来说明，每一项特点都含有管理模式的变革和人员素质或行为变革两方面，这些特点是相辅相成的。

(1) 计划的一贯性与可行性

MRP Ⅱ 是一种计划主导型管理模式，计划层次从宏观到微观、从战略到技术、由粗到细逐层优化，但始终保证与企业经营战略目标一致。它把通常的三级计划管理统一起来，计划编制工作集中在厂级职能部门，车间班组只能执行计划、调度和反馈信息。计划下达前反复验证和平衡生产能力，并根据反馈信息及时调整，处理好供需矛盾，保证计划的一贯性、有效性和可执行性。

(2) 管理的系统性

MRPⅡ是一项系统工程,它把企业所有与生产经营直接相关部门的工作联结成一个整体,各部门都从系统整体出发做好本职工作,每个员工都知道自己的工作质量同其他职能的关系。而此类情况,只有在"一个计划"下才能成为系统,过去条块分割、各行其是的局面应被团队精神所取代。

(3) 数据共享性

MRPⅡ是一种制造企业管理信息系统,企业各部门都依据同一数据信息进行管理,任何一种数据变动都能及时地反映给所有部门,做到数据共享。在统一的数据库支持下,按照规范化的处理程序进行管理和决策。改变了过去那种信息不通、情况不明、盲目决策、相互矛盾的现象。

(4) 动态应变性

MRPⅡ是一个闭环系统,它要求跟踪、控制和反馈瞬息万变的实际情况,管理人员可随时根据企业内外环境条件的变化迅速作出响应,及时决策调整,保证生产正常进行。它可以及时掌握各种动态信息,保持较短的生产周期,因而有较强的应变能力。

(5) 模拟预见性

MRPⅡ具有模拟功能。它可以解决"如果怎样……将会怎样"的问题,可以预见在相当长的计划期内可能发生的问题,事先采取措施消除隐患,而不是等问题已经发生了再花几倍的精力去处理。这将使管理人员从忙碌的事务堆里解脱出来,致力于实质性的分析研究,提供多个可行方案供领导决策。

(6) 物流、资金流的统一

MRPⅡ包含了成本会计和财务功能,可以由生产活动直接产生财务数据,把实物形态的物料流动直接转换为价值形态的资金流动,保证生产和财务数据一致。财务部门及时得到资金信息用于控制成本,通过资金流动状况反映物料和经营情况,随时分析企业的经济效益,参与决策,指导和控制经营和生产活动。

以上几个方面的特点表明,MRPⅡ是一个比较完整的生产经营管理计划体系,是实现制造业企业整体效益的有效管理模式。

1.2.5 企业资源计划

进入20世纪90年代,随着市场竞争的进一步加剧,企业竞争空间与范围的进一步扩大,80年代MRPⅡ主要面向企业内部资源全面计划管理的思想到逐步发展为90年代怎样有效地利用和管理整体资源的管理思想,ERP(Enterprise Resource Planning)——企业资源计划也就随之产生。ERP是在MRPⅡ的基础上扩展了管理范围,给出了新的结构。

1) ERP同MRPⅡ的主要区别

(1) 在资源管理范围方面的差别

MRPⅡ主要侧重对企业内部人、财、物等资源的管理,ERP系统在MRPⅡ的基础上扩展了管理范围,它把客户需求和企业内部的制造活动以及供应商的制造资源整合在一起,形成企业一个完整的供应链并对供应链上所有环节如订单、采购、库存、计划、生产制造、质量控制、运输、分销、服务与维护、财务管理、人事管理、实验室管理、项目管理、配方管理等进行有效管理。

(2) 在生产方式管理方面的差别

MRPⅡ系统把企业归类为几种典型的生产方式进行管理,如重复制造、批量生产、按订单生产、按订单装配、按库存生产等,对每一种类型都有一套管理标准。而在20世纪80年代末、90年代初期,为了紧跟市场的变化,多品种、小批量生产以及看板式生产等则是企业主要采用的生产方式,由单一的生产方式向混合型生产发展,ERP则能很好地支持和管理混合型制造环境,满足了企业的这种多角化经营需求。

(3) 在管理功能方面的差别

ERP除了MRPⅡ系统的制造、分销、财务管理功能外,还增加了支持整个供应链上物料流通体系中供、产、需各个环节之间的运输管理和仓库管理;支持生产保障体系的质量管理、实验室管理、设备维修和备品备件管理;支持对工作流(业务处理流程)的管理。

(4) 在事务处理控制方面的差别

MRPⅡ是通过计划的及时滚动来控制整个生产过程,它的实时性较差,一般只能实现事中控制。而ERP系统支持在线分析处理OLAP(On-Line Analytical Processing)、售后服务即质量反馈,强调企业的事前控制能力,它可以将设计、制造、销售、运输等环节通过集成来并行地进行各种相关的作业,为企业提供了对质量、适应变化、客户满意、绩效等关键问题的实时分析能力。

此外,在MRPⅡ中,财务系统只是一个信息的归结者,它的功能是将供、产、销中的数量信息转变为价值信息,是物流的价值反映。而ERP系统则将财务计划和价值控制功能集成到了整个供应链上。

(5) 在跨国(或地区)经营事务处理方面的差别

现在企业的发展,使得企业内部各个组织单元之间、企业与外部的业务单元之间的协调变得越来越多和越来越重要,ERP系统应用完整的组织架构,从而可以支持跨国经营的多国家地区、多工厂、多语种、多币制应用需求。

(6) 在计算机信息处理技术方面的差别

随着IT技术的飞速发展,网络通信技术的应用,使得ERP系统得以实现对整个供应链信息进行集成管理。ERP系统采用客户/服务器(C/S)体系结构和分布式数据处理技术,支持Internet/Intranet/Extranet、电子商务(E-business、E-commerce)、电子数据交换(EDI)。此外,还能实现在不同平台上的互操作。

2) ERP的主要功能模块

对于制造企业来说,ERP的核心功能仍然是MRP,同时,它又在MRP功能基础上增加了对企业外部资源——供应链的管理,ERP系统管理的范围覆盖了企业财务、销售、采购、客户关系、人力资源、生产制造、资源管理、工程项目、商业智能及电子商务等业务。

1.3 ERP的核心管理思想

ERP的核心管理思想就是实现对整个供应链的有效管理,主要体现在以下几个方面:

1) 对整个供应链资源进行管理

现代企业的竞争已经不是单一企业与单一企业间的竞争,而是一个企业供应链与另一个企业的供应链之间的竞争,即企业不但要依靠自己的资源,还必须把经营过程中的有关各方如供应商、制造工厂、分销网络、客户等纳入一个紧密的供应链中,才能在市场上获得竞争优势。ERP系统正是适应了这一市场竞争的需要,实现了对整个企业供应链的管理。

2) 体现准时制、精益生产的思想

准时制(Just In Time，JIT)生产起源于日本丰田汽车公司的一种称为"看板"生产管理的方法。在JIT生产方式倡导以前，丰田公司均采取福特式的"总动员生产方式"，即一半时间人员和设备、流水线等待零件，另一半时间等零件一运到，全体人员总动员，紧急生产产品。这种方式造成了生产过程中的物流不合理现象，尤以库存积压和短缺为特征，生产线或者不开机，或者开机后就大量生产，这种模式导致了严重的资源浪费。丰田公司的JIT采取的是多品种少批量、短周期的生产方式，实现了消除库存，优化生产物流，减少浪费的目的。

准时制生产方式的基本思想可概括为"在需要的时候，按需要的量生产所需的产品"，也就是通过生产的计划和控制及库存的管理，追求一种无库存，或库存达到最小的生产系统。准时生产方式的核心是追求一种无库存的生产系统，或使库存达到最小的生产系统。为此而开发了包括"看板"在内的一系列具体方法，并逐渐形成了一套独具特色的生产经营体系。

JIT作为提高生产管理效率的一种思想和方法，在现代企业管理中占有十分重要的地位，为企业生产运作管理提供了理想目标和判断依据，成为精细化生产管理的精髓。在企业信息化中，JIT为计算机系统的开发和流程管理提供了面向需求的管理思想，为流程优化和业务衔接活动设计提供了依据和标准，对企业级信息系统的发展和应用具有非常重要的指导意义和促进作用。

精益生产(Lean Production，LP)又称精良生产，其中"精"表示精良、精确、精美；"益"表示利益、效益等等。精益生产就是及时制造，消灭故障，消除一切浪费，向零缺陷、零库存进军。它是美国麻省理工学院在一项名为"国际汽车计划"的研究项目中提出来的。他们在做了大量的调查和对比后，认为日本丰田汽车公司的生产方式是最适用于现代制造企业的一种生产组织管理方式，称之为精益生产，以针对美国大量生产方式过于臃肿的弊病。精益生产综合了大量生产与单件生产方式的优点，力求在大量生产中实现多品种和高质量产品的低成本生产。

JIT和LP基本思想简单，容易理解，但是实现却不容易。因为实施JIT和LP几乎要涉及企业的每一部门，渗透到企业每一项活动之中。日本丰田公司从看到美国的"超级市场"开始，就有了准时生产的思想，但还是经过了20多年坚持不懈的努力，才达到比较完善的地步。因为JIT是一项综合的管理技术，它涉及产品设计、生产计划的编制、机器的改造、设备的重新布置、工序的周期化、设备的预防维修、生产组织和劳动组织的调整和人员的培训等各方面的工作。

任何一个环节不改进，JIT和LP就推行不下去，JIT或LP是生产管理上的一次革命。急功近利，要求"立竿见影"短期内就"大见成效"的思想是不符合JIT和LP不断改进的思想的。

3) 敏捷制造的思想

20世纪90年代，信息技术突飞猛进，信息化的浪潮汹涌而来，许多国家制订了旨在提高自己国家在未来世界中的竞争地位、培养竞争优势的先进制造计划。在这一浪潮中，美国走在了世界的前列，给美国制造业改变生产方式提供了强有力的支持，美国想凭借这一优势重造在制造领域的领先地位。在这种背景下，一种面向新世纪的新型生产方式——敏捷制造(Agile Manufacturing，AM)的设想诞生了。

敏捷制造的核心思想是：要提高企业对市场变化的快速反应能力，满足顾客的要求。

除了充分利用企业内部资源外,还可以充分利用其他企业乃至社会的资源来组织生产。

敏捷制造认为,新产品投放市场的速度是当今最重要的竞争优势。推出新产品最快的办法是利用不同公司的资源和公司内部的各种资源。这就需要企业内部组织的柔性化和企业间组织的动态联盟。虚拟公司是最为理想的一种形式。虚拟公司就像专门完成特定计划的一家公司一样,只要市场机会存在,虚拟公司就存在;市场机会消失了,虚拟公司也随之解体。能够经常形成虚拟公司的能力将成为企业一种强有力的竞争武器。

敏捷制造是在具有创新精神的组织和管理结构、先进制造技术(以信息技术和柔性智能技术为主导)、有技术有知识的管理人员三大类资源支柱支撑下得以实施的,也就是将柔性生产技术、有技术有知识的劳动力与能够促进企业内部和企业之间合作的灵活管理集中在一起,通过所建立的共同基础结构,对迅速改变的市场需求和市场进度作出快速响应。敏捷制造比其他制造方式具有更灵敏、更快捷的反应能力。

敏捷制造的信息化需求主要表现为以下几方面:

(1) 信息需求

信息革命促使了市场全球化,使现代企业呈现集团化、多元化和动态联盟的发展趋势,企业跨越不同的地域,产品涉及多个领域。这些企业需要及时了解各地分公司的生产经营状况,同一企业不同部门、不同地区的员工之间也需要及时共享大量企业信息,企业和用户之间以及企业与其合作伙伴之间也存在着大量的信息交流。只有了解企业信息的需求,才能有效管理组织这些信息,选择合作伙伴,实现敏捷化制造。企业信息涉及有关产品设计、计划、生产资源、组织等类型的数据,不仅数据量大,数据类型和结构复杂,而且数据间存在复杂的语义联系,数据载体也是多介质的。制造业中信息按其需求可分为两部分:产品制造信息、企业服务信息。其中产品制造信息包括产品信息和工艺信息。企业服务信息包括产品市场信息(产品基本价格、批量价格、价格的有效期和交货期)、企业生产能力信息(主要设备、特殊设备、大型设备)、企业产品开发能力信息等。

(2) 网络服务需求

对制造业企业来说,网络服务的需求主要集中在以下几个方面:

① 希望上网发布企业信息,如企业介绍、产品介绍等;
② 能有行业性的专业网站提供行业信息、行业动态等;
③ 能在网上了解有关的政策法规,为企业活动提供依据;
④ 能在网上跟踪行业技术信息,为企业开发适合市场需求的新产品;
⑤ 与用户进行网上信息的交流,及时反馈用户意见,组织网上用户的培训与产品使用问题的解决等;
⑥ 与协作生产企业进行网上的信息交流和商务活动,提高工作效率;
⑦ 开展网上的商务活动,如产品销售、产品的虚拟展示等;
⑧ 数字化产品模型共享,建立一个虚拟三维产品的"图书馆",让各企业分享,减少巨大的重复性 CAD 造型工作。

4) 企业流程再造(Business Process Reengineering, BPR)

企业流程再造(BPR)是 20 世纪 90 年代初,哈默(Michael Hammer)与钱皮(James Champy)提出的。它的核心思想是对企业的业务流程进行根本性的重新思考并彻底改革,以获得企业在成本、质量、服务和速度等方面业绩的飞跃性改善。

也就是说,"从头改变,重新设计"。为了能够适应新的世界竞争环境,企业必须摒弃已成惯例的运营模式和工作方法,以工作流程为中心,重新设计企业的经营、管理及运营方式。

企业再造包括企业战略再造、企业文化再造、市场营销再造、企业组织再造、企业生产流程再造和质量控制系统再造。

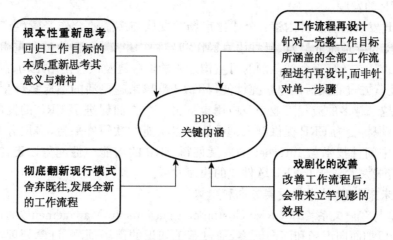

图1-7　BPR内涵图

进入信息时代,企业内外部环境都发生了巨大变化。从外部环境来看,多样化和个性化的顾客需求日趋凸显,传统低效的企业流程已难以适应日益激烈的市场竞争;从内部环境来看,信息技术的应用使得一些信息设备、自动化装置充当了企业活动的承担者。因此,要提高企业竞争力和信息化应用效果,就必须对企业流程进行再设计和再思考,即进行企业流程再造。

5) 事先计划与事中控制

ERP系统中的计划体系主要包括:主生产计划、物料需求计划、能力计划、采购计划、销售执行计划、利润计划、财务预算和人力资源计划等,而且这些计划功能与价值控制功能已完全集成到整个供应链系统中。

另一方面,ERP系统通过定义事务处理(Transaction)相关的会计核算科目与核算方式,以便在事务处理发生的同时自动生成会计核算分录,保证了资金流与物流的同步记录和数据的一致性,从而实现了根据财务资金现状,可以追溯资金的来龙去脉,并进一步追溯所发生的相关业务活动,改变了资金信息滞后于物料信息的状况,便于实现事中控制和实时做出决策。

此外,计划、事务处理、控制与决策功能都在整个供应链的业务处理流程中实现,要求在每个流程业务处理过程中最大限度地发挥每个人的工作潜能与责任心,流程与流程之间则强调人与人之间的合作精神,以便在有机组织中充分发挥每个的主观能动性与潜能。实现企业管理从"高耸式"组织结构向"扁平式"组织机构的转变,提高企业对市场动态变化的响应速度。

总之,借助IT技术的飞速发展与应用,ERP系统得以将很多先进的管理思想变成现实中可实施应用的计算机软件系统。

1.4 ERP的发展趋势

由于ERP代表了当代的先进企业管理模式与技术,并能够解决企业提高整体管理效率和市场竞争力的问题,近年来ERP系统在国内外得到了广泛推广应用。随着信息技术、先进制造技术的不断发展,企业对于ERP的需求日益增加,进一步促进了ERP技术向新一代ERP或后ERP的发展。

推动ERP发展的有多种因素:全球化市场的发展与多企业合作经营生产方式的出现使得ERP将支持异地企业运营、异种语言操作和异种货币交易;企业过程重组及协作方式的变化使得ERP支持基于全球范围的可重构过程的供应链及供应网络结构;制造商需要应对新生产与经营方式的灵活性与敏捷性使得ERP也越来越灵活的适应多种生产制造方式的管理模式;越来越多的流程工业企业应用也从另一个方面促进了ERP的发展;计算机新技术的不断出现将会为ERP提供越来越灵活与强功能的软硬件平台,多层分布式结构、面向对象技术、中间件技术与Internet的发展使得ERP的功能与性能得以迅速提高。ERP市场的巨大需求大大刺激了ERP软件业的快速发展。

1.4.1 未来ERP技术的发展方向和趋势

(1) ERP与客户关系管理CRM(Customer Relationship Management)的进一步整合:首先,ERP将更加面向市场和面向顾客,通过基于知识的市场预测、订单处理与生产调度、基于约束调度功能等进一步提高企业在全球化市场环境下更强的优化能力;其次,进一步与客户关系管理CRM结合,实现市场、销售、服务的一体化,使CRM的前台客户服务与ERP后台处理过程集成,提供客户个性化服务,使企业具有更好的顾客满意度。

(2) ERP与电子商务、供应链SCM、协同商务的进一步整合:一是ERP将面向协同商务(Collaborative Commerce),支持企业与贸易共同体的业务伙伴、客户之间的协作,支持数字化的业务交互过程;二是ERP供应链管理功能将进一步加强,并通过电子商务进行企业供需协作,如汽车行业要求ERP的销售和采购模块支持用电子商务或EDI实现客户或供应商之间的电子订货和销售开单过程;三是ERP将支持企业面向全球化市场环境,建立供应商、制造商与分销商间基于价值链共享的新伙伴关系,并使企业在协同商务中做到过程优化、计划准确、管理协调。

(3) ERP与产品数据管理PDM(Product Data Management)的整合:主要是在产品数据管理。PDM将企业中的产品设计和制造全过程的各种信息、产品不同设计阶段的数据和文档组织在统一的环境中。近年来ERP软件商纷纷在ERP系统中纳入了产品数据管理PDM功能或实现与PDM系统的集成,增加了对设计数据、过程、文档的应用和管理,减少了ERP庞大的数据管理和数据准备工作量,并进一步加强了企业管理系统与CAD、CAM系统的集成,进一步提高了企业的系统集成度和整体效率。

(4) ERP与制造执行系统MES(Manufacturing Executive System)的整合:为了加强ERP对于生产过程的控制能力,ERP将与制造执行系统MES、车间层操作控制系统SFC(Shop Floor Control)更紧密地结合,形成实时化的ERP/MES/SFC系统。该趋势在流程工业企业的管控一体化系统中体现得最为明显。

(5) ERP与工作流管理系统的进一步整合:着重于全面的工作流规则以保证与时间相关的业务信息能够自动地在正确时间传送到指定的地点。ERP的工作流管理功能将进一步增强,通过工作流实现企业的人员、财务、制造与分销间的集成,并能支持企业经营过程的重组,也使 ERP 的功能可以扩展到办公自动化和业务流程控制方面。

(6) 加强数据仓库和联机分析处理 OLAP 功能:一是为了企业高层领导的管理与决策,ERP 将数据仓库、数据挖掘和联机分析处理 OLAP 等功能集成进来;二是为用户提供企业级宏观决策的分析工具集。

(7) ERP 系统动态可重构性:主要是为了适应企业的过程重组和业务变化,人们越来越多地强调 ERP 软件系统的动态可重构性。为此,ERP 系统动态建模工具、系统快速配置工具、系统界面封装技术、软构件技术等均被采用。ERP 系统也引入了新的模块化软件、业务应用程序接口、逐个更新模块增强系统等概念,ERP 的功能组件被分割成更细的构件以便进行系统动态重构。

(8) ERP 软件系统实现技术和集成技术:ERP 将以客户/服务器、浏览器/服务器分布式结构、多数据库集成与数据仓库、XML、面向对象方法和 Internet/Extranet、软构件与中间件技术等为软件实现核心技术,并采用 EAI 应用服务器、XML 等作为 ERP 系统的集成平台与技术。

ERP 的不断发展与完善最终将促进基于 Internet/Extranet 的支持全球化企业合作与敏捷虚拟企业运营的集成化经营管理系统的产生和不断发展。

1.4.2 新一代 ERP 主要特点

目前,关于未来 ERP 的说法甚多,如 e-ERP、后 ERP、iERP、ERP II 等等。Gartner Inc. 公司给 ERP II 下的定义为:ERP II 是通过支持和优化公司内部和公司之间的协作运作和财务过程,以创造客户和股东价值的一种商务战略和一套面向具体行业领域的应用系统。这些说法都是人们站在不同角度对 ERP 发展方向和趋势进行的描述。

根据 ERP 管理思想与管理软件系统的发展过程与趋势,新一代 ERP 应当具备以下主要特点:

(1) 管理思想的先进性与适应性:新一代 ERP 应当在继承当前 ERP 管理思想的基础上,不断吸纳最新的先进管理思想或模式,如敏捷制造与敏捷虚拟企业组织管理模式、供应链环境下的精良生产管理模式、基于电子商务的企业协同管理模式、跨企业的协同项目管理模式等等,并将其管理思想与 ERP 业务处理模型结合。此外,新一代 ERP 应具有针对不同国情的管理模式适应性,例如针对像中国这样的未完成工业化的发展中国家,应当采用针对性较强的改进型 ERP 管理模式,如基于主动动态成本控制的 ERP 模式、基于时间-成本双主线的新型 ERP 模式、基于资金流模型的 ERP 模式等等。

(2) 电子商务环境下的企业间协同性:在网络化信息时代,制造业的竞争焦点已从单一企业间的竞争转化为跨企业的生产体系间的竞争。企业正在把基于内部功能最优化的垂直一体化组织转变为更灵活的以核心能力为基础的实体组织,并努力使企业在供应链和价值网络中找到最佳定位。这种定位不仅相关于所从事的 B2B 和 B2C 电子商务,还参与协同商务过程。新一代 ERP 应当支持这种扩展型企业在电子商务环境下的企业间协同经营与运作。

(3) 面向企业商务过程的功能可扩展性:新一代 ERP 将越来越面向企业的商务过程和产品全生命周期的相关过程与资源的管理,其业务领域与功能不断地扩充。新一代 ERP 除了具有传统的制造、财务、分销等功能外,还将不断吸纳新的功能,如产品数据管理 PDM、客户关系管理 CRM、供应链管理 SCM、电子商务、制造执行系统 MES、决策支持系统 DSS、数据仓库与联机分析处理 OLAP、办公自动化 OA 等等，从而构成了功能强大的集成化企业管理与决策信息系统。因此，新一代 ERP 应当具有很好的功能可扩展性。

1.4.3 e-ERP

针对全球经济一体化的大环境，e-ERP 思想将企业资源管理的范围扩大到了全球。e-ERP 支持企业在以互联网为基础的营销环境下，在全球市场范围内寻求客户和供应商，扩大市场覆盖面、降低采购成本。

在日益激烈的市场竞争环境下，e-ERP 支持企业强化客户关系管理，实现一对一的营销和服务，利用先进的技术手段和个性化的服务发展和培养忠诚客户。

e-ERP 思想继承了原 ERP 对物流、工作流管理的思想，对企业可利用的所有内部和外部资源进行综合管理，e-ERP 思想认为这是企业利用以互联网为核心的信息技术进行商务活动的基础。同时，除了对原有 ERP 在企业内部管理思想的继承，e-ERP 更使企业发展企业文化、建立知识管理体系成为可能。

实施 e-ERP 系统，企业可以迅速建立起以企业为核心的 B2B 企业电子商务应用（ASP）模式，提高企业运作效率，降低运作成本（订单执行成本），扩大市场机会，直接将企业的运作模式转变为电子商务模式。

e-ERP 系列产品继承了传统 ERP 对企业内部的完善管理，结合企业电子商务门户和 B2B 扩大了销售市场和采购市场，加快了商务进程。

通过 e-ERP，全面实现 CRM 的概念，紧密结合互联网技术，为企业实现最好的客户满意度。企业的客户在个性化的用户界面，享受互动性的交流，能在一对一的基础上满足客户人性化的需求，提高客户满意度。

随着 ERP 在企业中的应用，企业内部各部门的流程更加合理、规范，衔接更加平滑，生产效率更高，库存占用资金更少。更重要的是企业各层领导都可以迅速地、准确地、及时地得到所需的报表，能够对市场作出最及时的反应。

2 金蝶 K/3 ERP 管理系统

金蝶 K/3 是为中小型企业量身定制的企业管理软件。金蝶 K/3 集财务管理、供应链管理、生产制造管理、人力资源管理、客户关系管理、企业绩效、移动商务、集成引擎及行业插件等业务管理组件为一体，以成本管理为目标，计划与流程控制为主线，通过对目标责任的明确落实、有效地执行过程管理和激励，帮助企业建立人、财、物、产、供、销科学完整的管理体系。

2.1 金蝶公司简介

金蝶国际软件集团有限公司是亚太地区领先的企业管理软件及电子商务应用解决方案供应商，是全球软件市场中成长最快的独立软件厂商之一，是中国软件产业的领导厂商。金蝶开发及销售企业管理及电子商务应用软件和为企业或政府构筑电子商务或电子政务平台的中间件软件。同时，金蝶向全球范围内的顾客提供与软件产品相关的管理咨询、实施与技术服务。金蝶独特的"快速配置，快速实施，快速应用，快速见效"的个性化产品与服务定位，能够帮助顾客从容面对动态不确定商业环境带来的挑战,实现业务流程与IT技术的完美结合,有效管理变革,确保组织快速持续和健康成长。

金蝶国际软件集团有限公司总部位于中国深圳,始创于1993年8月,于2005年7月20日在香港联合交易所主板成功上市,股份代号为0268金蝶集团附属公司有专注于中国大陆市场的金蝶软件(中国)有限公司、专注于除中国大陆以外的亚太地区市场的金蝶国际软件集团(香港)有限公司,以及专注于中间件业务的深圳金蝶中间件有限公司等。

金蝶国际软件集团有限公司是中国首家获得ISO 9001国际质量体系认证的企业应用软件供应商,在中国深圳、上海和北京设有研发中心。金蝶在中国大陆拥有39家以营销与服务为主的分支机构和1 000余家咨询、技术、实施服务、分销等合作伙伴。金蝶营销、服务及伙伴网络在中国大陆分为华南、华东、华北、华中、东北、西南、西北七大区域,遍及221个城市和地区;目前本集团拥有员工3 200人,客户遍及亚太地区,包括中国大陆、中国香港、中国台湾省、新加坡、马来西亚、印度尼西亚、泰国等国家和地区,总客户数量超过40万家。

金蝶国际软件集团有限公司是中国第一个Windows版财务软件及小企业管理软件——金蝶KIS、第一个纯Java中间件软件——金蝶Apusic和金蝶BOS、第一个基于互联网平台的三层结构的ERP系统——金蝶K/3的缔造者,其中金蝶KIS和K/3是中国中小型企业市场中占有率最高的企业管理软件。2003年3月,金蝶正式对外发布了第三代产品——金蝶EAS(Kingdee Enterprise Application Suite)。金蝶EAS构建于金蝶自主研发的商业操作系统——金蝶BOS之上,面向中大型企业,采用最新的ERP Ⅱ管理思想和一体化设计,有超过50个应用模块高度集成,涵盖企业内部资源管理、供应链管理、客户关系管理、知识管理、商业智能等,并能实现企业间的商务协作和电子商务的应用集成。

金蝶国际软件集团有限公司以快速响应客户需求、技术创新和国际化作为不断前进的动力,以"帮助顾客成功"作为矢志不渝的宗旨,以"产品领先,伙伴至上"作为不断发展的战略,与全球顶尖的资讯科技伙伴和本地优秀的咨询服务伙伴建立紧密的策略联盟,并利用在中国强大的客户基础和品牌优势,不断研发世界一流的企业管理软件产品及电子商务解决方案,为顾客成长不断创造价值,2010年矢志成为亚太地区中小企业ERP市场的领导者,长期目标是跻身世界企业应用软件的10强,发展成为受人敬仰的公司。

2.2 金蝶K/3系统的特点

1) 产品适用性

金蝶K/3系统结合国外先进管理理论和数十万国内客户最佳应用实践,面向单个利润中心的企业,包括单体企业或集团下属的利润中心子公司,提供了13种细分行业专业应用方案的解决方案,主要包括:电子设备、电子元器件、仪器仪表、灯饰照明、五金行业、塑胶行业、汽摩零部件、通用专用设备、医疗器械、玩具行业、金属加工、化工行业、医药食品等。

2) 产品理念

秉承"帮助顾客成功"的企业理念,经过多年实践与经验积累,金蝶K/3系统在帮助企业实现全面业务应用的基础上,进一步提出"让管理精细化"的产品理念,从管理方法、流程控制、管理对象等方面,引导企业从常规管理迈向深入应用,使企业在激烈的竞争环境中,不断提升企业边际利润,实现企业的卓越价值和基业常青。

金蝶K/3系统针对不同业务领域、不同行业应用、不同管理模式,将全面预算、费用管理、作业成本管理、标准成本管理、车间工序管理、精益生产、商业智能等管理方法充分融合，帮助企业逐步迈入管理精细化阶段。

金蝶 K/3 系统基于 K/3 BOS 平台，借助灵活可变的流程将系统模块、功能、单据、数据、角色等要素紧密关联，通过参数精确控制，帮助企业实现管理流程的规范化和精细化。

金蝶 K/3 系统以企业的人、财、物为基本分类，将产、供、销等业务运营过程中涉及的物料、产品、伙伴等基本对象从数量、价值、时点、质量、状态等多纬度多方位进行全面细致的监控，实现对管理对象的精细化管理。

2.3 金蝶 ERP 系统管理内容

金蝶 K/3 ERP 集成了财务管理、供应链管理、成本管理、计划管理、生产制造管理、人力资源管理、客户关系管理、移动商务等全面应用，有效地整合了现有系统以及 PLM(Product Lifecycle Management，产品生命周期管理)、银企互联平台、考勤系统、金税系统、条码、实验信息系统等第三方系统。

1）财务系统

以会计凭证处理为核心，实现财务业务一体化，保障财务信息与业务信息的高度同步与一致性，数据一次录入，共享使用，减少重复工作，提高数据准确度。通过灵活的账簿、报表反映企业财务状况，同时通过报表系统能够分析处理所有财务和业务数据，为企业不同管理层次、不同角色的管理者提供了千差万别的资源信息。对企业的应收款和应付款进行全面的核算、管理、分析，具有分析管理功能，贴近企业对应收和应付账款实际管理的需要。采用报表分析、指标分析、数据挖掘与钻取等各种分析方法，对财务数据从各种角度进行进一步的汇总、透视和转化，从中提炼出重要的财务信息，帮助企业实行有效控制。对财务状况和经营成果及未来前景进行评价和决策分析。开放的信息系统，能与企业的其他信息系统进行平滑的数据传递，从而使企业的资源高效集成。

2）供应链管理系统

供应链管理系统面向企业采购、销售、库存和质量管理人员，提供供应商管理、采购管理、委外加工管理、销售管理、库存管理、质量管理、存货核算、进口管理、出口管理等业务管理功能，通过对企业产、供、销环节的信息流、物流、资金流的有效管理及控制，全面管理供应链业务。

供应商管理帮助企业采购与品质管理人员从供应商档案、供应商与料件的认证评估、采购寻报价管理、供应商交易管理、采购品质管理、供应商绩效管理、供应商价值分析等各方面实现对供应商的管理。

采购管理帮助企业采购人员提高工作质量和效率，加强采购业务过程监管，提供从采购申请、订单、收货/入库、退货到付款的业务管理功能，支持供应商、价格、批号等多种采购业务处理。

委外加工管理帮助企业在产能有限或企业不具备相应资源、技术等情况，将半成品或材料外发给协作加工商进行加工，以扩大企业产能，降低企业成本的有效途径；提供从委外计划、委外订单、投料、发料、收料入库、核销、结算等全面委外加工处理业务。

销售管理帮助企业销售人员制定正确销售策略，提高市场响应速度，提供从销售计划、模拟报价、订单、发货/出库、退货、发票到收款的业务管理功能，支持信用赊销、价格、折扣、促销等多种销售业务处理。

库存管理帮助企业物流人员加强物料管理,支持生产系统顺利运行,提供入/出库业务、仓存调拨、库存调整、虚仓等业务管理功能,支持批次、物料对应、盘点、即时库存校对等业务管理功能。

存货核算帮助企业财务人员准确核算存货的出入库成本和库存金额余额,提供多种存货核算计算方式,结合总仓与分仓核算,凭证模板灵活设置等业务管理功能。

3) 人力资源系统

K/3人力资源系统由能力素质模型、绩效管理、组织规划、职员管理、招聘选拔、培训发展、考勤管理、薪酬设计、薪酬核算、社保福利、查询报表、CEO平台、经理人平台、我的工作台、系统设置、人力资源统计分析平台及K/3主控台人力资源等模块组成。系统以在人事管理模块中设置的组织架构、职位体系、职员数据为基础数据,通过能力素质模型、绩效管理、招聘选拔、培训发展、薪酬设计、薪酬核算、社保福利、查询报表、经理人平台、我的工作台、人力资源统计分析平台等功能模块全面覆盖人力资源管理与人力资源开发的多个领域和多个层次,构成可适应于各种类型企业管理特点的全面的人力资源管理解决方案。

4) 计划管理系统

计划管理系统包括生产数据管理、主生产计划、物料需求计划、MTO(Make To Order,按单生产)计划、粗能力计划、细能力计划共六个模块。

企业的工程部门通过生产数据管理系统,维护物料清单(BOM)、工艺路线、资源清单、多工厂日历等基础数据,这些数据是计划系统的基本要素。

主生产计划(MPS)是以销售订单、产品预测为需求来源,通过对比目标库存和预计产出而建立的生产主排程。准确及时的主生产计划,是提高客户服务水平的重要因素,同时也是降低库存的有力手段,主生产计划是物料需求计划(MRP)的基础。

物料需求计划是将主生产计划按BOM结构进行分解所获得的子件的需求计划,包括需求数量和需求时间,计划人员根据物料需求计划的计算结果,决定是否采购/生产、何时采购/生产、采购与生产的数量等等。通过MRP计算,若物料需求计划无法满足主生产计划,计划员必须采取特殊措施,如加急订单、外包、加班等等措施,如有必要,还需要调整主生产计划。

MTO计划系统是针对严格按订单生产和跟踪的制造环境而设计的。MTO计划除具有计划系统的一般特性外,其主要特点是MTO计划系统的需求来源是销售订单,且销售订单需要进行全程跟踪,即在订单的整个执行过程,都可以方便地使用该销售订单进行跟踪,包括物料需求计划、生产任务单、采购订单、库存等环节。

5) 生产管理系统

生产管理系统的功能涵盖了企业生产管理的全过程。生产管理系统提供有关生产的计划、投料与领料、工作中心的工序计划及加工优先级的确定、分派、执行、流转。控制投入和产出的工作量,生产检验与汇报、产品入库、任务单结案功能,协助企业有效掌握各项制造活动信息,管理生产进度、提高生产效率、减少车间在制品、降低损耗与成本、提高产品质量与客户满意度。

6) 成本管理系统

满足制造企业的传统成本核算及管理要求,除提供精准的传统实际成本核算外,更提供与车间紧密集成的作业成本,并支持实际成本核算体系、标准成本核算体系两套核算体系。在精准成本核算的基础上提供高级成本管理功能,如成本分析、成本考核、成本控制,并提供多种成本预测、成本决策模型。

从企业成本核算的要求考虑企业需求,目前成本管理系统提供五个成本系统,满足不同层次、不同发展时期的企业需求,有手工转移至机器核算的实际成本系统,有与车间紧密集成的作业成本系统,有高端层面分析的成本分析系统,有提供较短周期核算的日成本管理系统,有标准化企业过程管理需要的标准成本系统,以不同的方式加强成本控制,促进企业成本降低。

7) 资产管理系统

考虑到企业实务应用的多样性,管理诉求的差异性,为此系统提供了完整、灵活的资产管理模块组合应用,将资产管理模块细分为资产购置、在建工程、固定资产管理、低值易耗品,分模块细化以及适应企业的管理现状及应用水平。

满足企业对资产管理的需求,系统整合了原有的固定资产系统,提供固定资产的申购、采购、调拨、出库、盘点等日常的资产管理的业务管理流程,管理固定资产全生命周期:申请—采购—检验—款项结算—入账—计提折旧—修理—清理,提供精细化的资产申请、建设、领用等过程管理,保护资产安全,提高使用效率。

8) 客户关系管理(CRM)系统

客户关系管理(Customer Relationship Management,CRM)是一种管理理念,核心思想就是将企业的客户(包括最终客户、分销商和合作伙伴)作为最重要的企业资源,通过完善的客户服务和深入的客户分析来满足客户的需求,保证实现客户的终生价值。

CRM 也是一种旨在改善企业与客户之间关系的新型管理机制,实现于企业的市场营销、销售、服务与技术支持等客户相关的领域。通过向企业的销售、市场和客户服务的专业人员提供全面、个性化的客户资料,并强化跟踪服务、信息分析能力,使他们能够协同建立和维护一系列与客户和生意伙伴之间卓有成效的"一对一关系",从而使企业得以提供更快捷和周到的优质服务、提高客户满意度、吸引和保持更多的客户,从而增加营业额;另一方面则通过信息共享和优化商业流程来有效地降低企业经营成本。

第 2 章

案 例

1 案例背景

深圳绿色原野公司是一家以制造和销售为主的高新技术企业,主要生产和销售品牌电脑和组装电脑。绿色原野公司的销售部负责公司产品的销售;采购部负责生产所需的原材料采购等工作;仓管部负责原材料、半成品、产成品等的出入库管理;生产车间由7个车间组成,包括注塑车间、喷油车间、丝印车间、剪板车间、冲压车间、装配车间、总装车间;财务部负责对各项应收、应付账款进行监管、成本核算等工作。

根据对市场的分析,绿色原野公司急需扩大生产规模,才能满足市场的需求。但是,目前各部门之间存在信息不共享、交货拖期、库存过高、材料浪费、成本核算不清楚等现象,使得企业的规模扩张也遇到了较大的障碍。摆在管理层面前的最大难题不是技术问题,也不是资金问题,而是如何实现管理的科学化、现代化,提高对各种资源的利用率,才能提高企业对市场的应变能力。

2 基础数据

2.1 电脑产品结构图

电脑产品结构如图2-1所示。

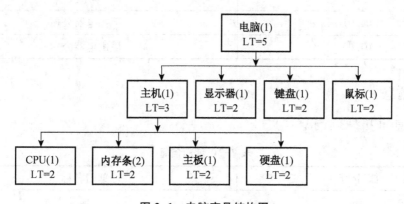

图 2-1 电脑产品结构图

2.2 计量单位

计量单位组及计量单位如表 2-1 所示。

表 2-1 计量单位组及计量单位

计量单位组	默认计量单位	系数
数量组 1	件	1
数量组 2	片	1
数量组 3	个	1
数量组 4	台	1

2.3 客户信息

客户信息如表 2-2 所示。

表 2-2 客户信息

客户代码	客户名称
01	华北区
01.01	华北电子公司
01.02	北京绿色原野公司
02	东北区
02.01	辽宁电子厂
02.02	抚顺电线电缆厂
03	华南区
03.01	江门电器公司
03.02	汕头电器公司
04	华东区
04.01	无锡电器公司
04.02	昆山电器公司

2.4 部门信息

部门信息如表 2-3 所示。

表 2-3 部门信息

部门代码	部门名称
01	人事部
02	财务部

续表2-3

部门代码	部门名称
03	采购部
04	仓管部
05	质检部
06	销售部
06.01	销售一部
06.02	销售二部

2.5 职员信息

职员信息如表2-4所示。

表2-4 职员信息

职员代码	职员名称
01	杨峥
02	贾全
03	李勇
04	梁明
05	杨正
06	吴伟
07	陈丹

2.6 仓库信息

仓库信息如表2-5所示。

表2-5 仓库信息

仓库代码	仓库名称
01	原料仓
02	半成品仓
03	产成品仓
04	待检仓
05	赠品仓
06	代管仓

2.7 供应商信息

供应商信息如表2-6所示。

表2-6 供应商信息

供应商代码	供应商名称
01	华东区
01.01	上海电线电缆厂
01.02	苏州电子厂
02	华北区
02.01	北京公司
02.02	石家庄电子厂
03	华南区
03.01	广州钢铁贸易总公司
03.02	深圳梅林建材有限责任公司

2.8 物料信息

物料信息如表2-7所示。

表2-7 物料信息

代码	名称	属性	计量单位	计价方法	存货科目	销售收入	销售成本
01	原材料						
01.01	CPU	外购	片	加权平均	1211	5102	5405
01.02	硬盘	外购	个	加权平均	1211	5102	5405
01.03	内存条	外购	个	加权平均	1211	5102	5405
01.04	主板	外购	个	加权平均	1211	5102	5405
01.05	显示器	外购	台	加权平均	1211	5102	5405
01.06	键盘	外购	个	加权平均	1211	5102	5405
01.07	鼠标	外购	个	加权平均	1211	5102	5405
02	半成品						
02.01	主机	自制	台	加权平均	1241	5102	5405
03	产成品						
03.01	电脑	自制	台	分批认定	1243	5101	5401

2.9 初始数据信息

初始数据信息如表2-8所示。

表2-8 初始数据信息

代码	名称	期初数量	期初金额	仓库
01.01	CPU	100	100 000	原料仓
01.02	硬盘	100	50 000	原料仓
01.03	内存条	100	5 000	原料仓
01.04	主板	100	60 000	原料仓
01.05	显示器	100	80 000	原料仓
01.06	键盘	100	1 000	原料仓
01.07	鼠标	100	1 000	原料仓
02.01	主机	100	250 000	半成品仓
03.01	电脑	100	400 000	产成品仓

第3章

ERP 实践训练

1 实验任务一 案例账套的新建、恢复及备份操作

【实验知识】

账套管理系统为系统管理员维护和管理不同类型的金蝶 K/3 账套提供了一个方便的操作平台。

账套在整个金蝶 K/3 系统中是非常重要的,它是存放各种数据的载体,各种财务数据、业务数据、一些辅助信息等都存放在账套中。账套本身就是一个 MS SQL Server 数据库文件。一个账套包含着许多信息,主要内容见表 3-1。

表 3-1

数据项	说　　明	必填项(是/否)
账套号	账套在系统中的编号。用于标识账套具体属于哪个组织机构	是
账套名	账套的名称。已存在的账套名称,不允许新建账套或修改账套信息时再使用	是
账套类型	系统中存在 8 种账套类型。金蝶 K/3 系统根据不同的企业需求设置不同的解决方案。在新建账套时,在账套类型中选择不同的解决方案,系统会自动根据解决方案新建相关的内容	是
数据实体	账套在 SQL Server 数据库服务器中的唯一标识。新建账套时,系统会自动产生一个数据实体,也可以手工更改	是
系统账号	新建账套所要登录的数据服务器名称、登录数据服务器方式、登录用户名和密码	是
数据库文件路径	账套保存的路径。该路径是指数据服务器上的路径,由选择的数据库服务器决定	是

【实验目的】

熟练掌握账套的新建、恢复及备份等操作。理解账套的概念,熟悉金蝶 K/3 账套管理的各部分功能。

【实验任务】

实验任务包括任务一和任务二。任务一按照第 2 章深圳绿色原野公司基础资料新建账套;任务二将做好的账套进行完全备份(各实验任务以金蝶 K/3 V11.0.1 为例)。

【实验指导】

【任务一】

(1) 账套管理登录。按"开始→程序→金蝶 K/3→金蝶 K/3 服务器配置工具→账套管理"操作,打开账套管理登录界面,用户名 Admin,密码为空(密码处不填写任何字符),单击"确定",如图 3-1 所示。

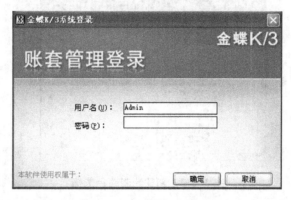

图 3-1 账套管理登录界面

(2) 新建账套。在账套管理窗口中,点击"新建",弹出账套分类的提示信息。点击"关闭",出现账套的设置信息。在"数据库文件路径"和"数据库日志文件路径"右侧折叠窗口中选择系统硬盘的路径,如图 3-2.1~3-2.3 所示。

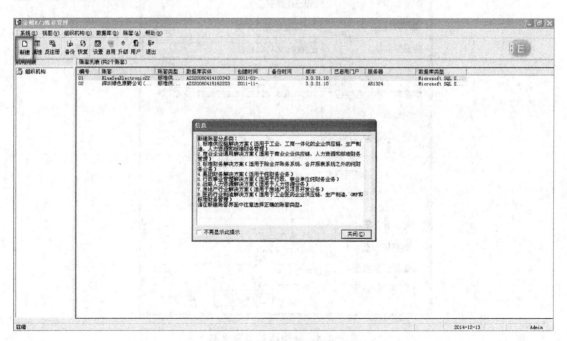

图 3-2.1 新建账套提示信息

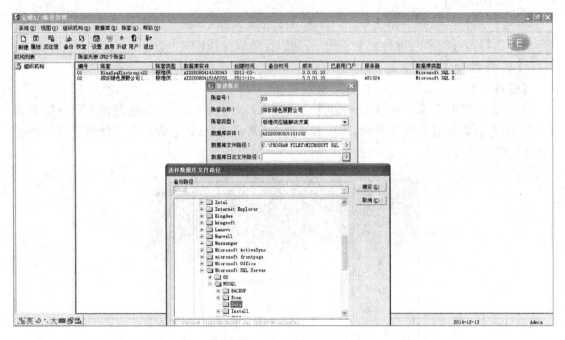

图3-2.2 新建账套路径选择

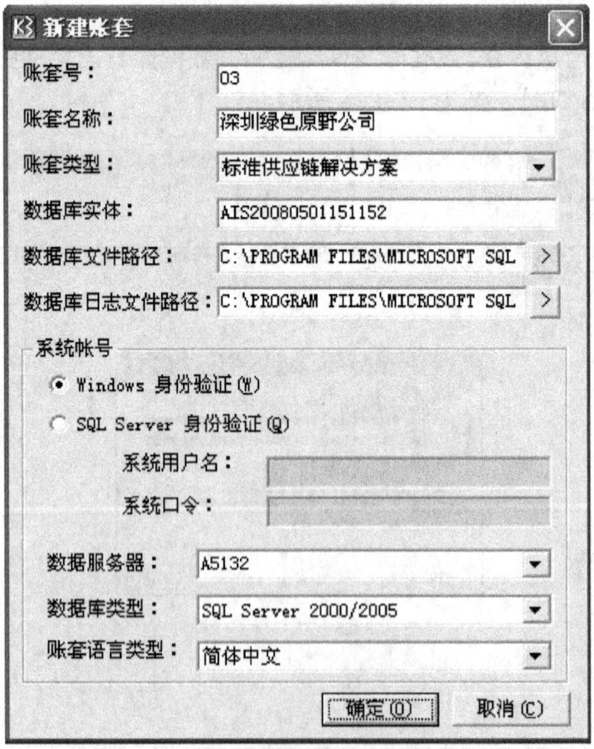

图3-2.3 新建账套完整信息

(3) 系统设置。首先对该账套的系统、总账、会计年度(2008年5月)进行设置,而后再启用。带*为必填项,如图3-3.1～3-3.3所示。

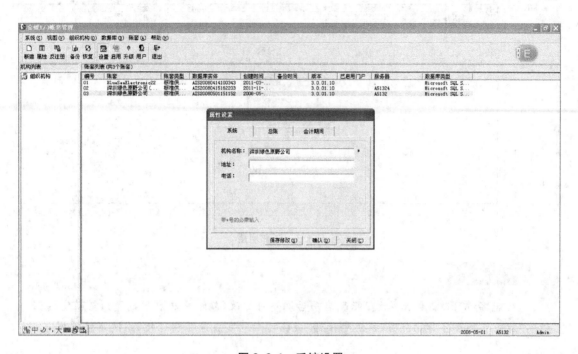

图 3-3.1　系统设置

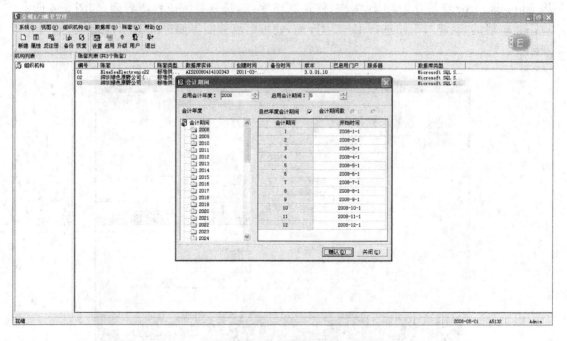

图 3-3.2　会计期间设置

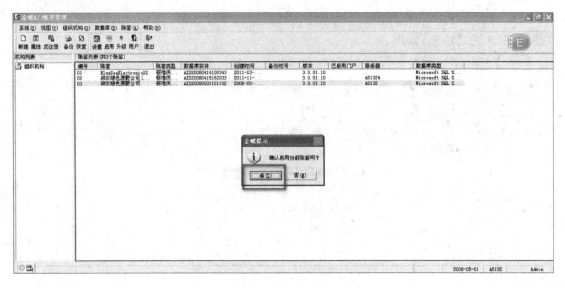

图 3-3.3 账套启用

> **注意点：**
>
> 公司名称可改，其他参数在账套启用后即不可更改（包括总账启用期间），易引发的错误：如果账套未启用就使用，系统会报错"数据库尚未完成建账初始化，系统不能使用"。

（4）登录金蝶 K/3 主控台

打开金蝶 K/3 主控台，鼠标点击当前账套的下拉选项，选择第（3）步中启用的账套名，以 administrator 身份登录，密码为空，登录 K/3 系统，进入系统流程图界面，如图 3-4 所示。点击菜单栏的"系统"，下拉选择 K/3 主界面，便可由流程图界面进入 K/3 主界面，如图 3-5 所示。

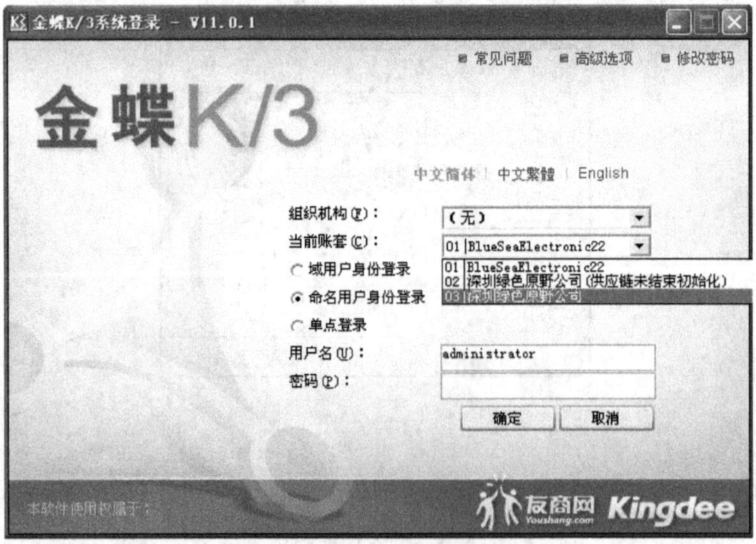

图 3-4 账套登录

第 3 章　ERP 实践训练

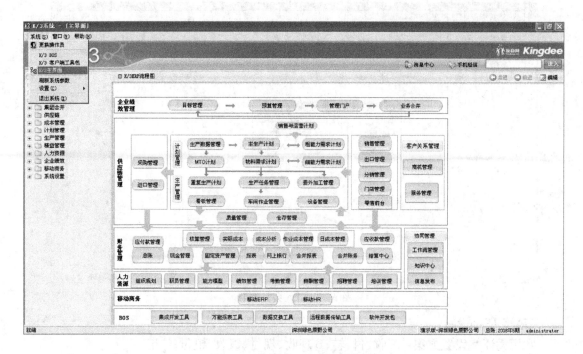

图 3-5　主控台 K/3 主界面切换

（5）ERP 系统初始化

ERP 系统初始化主要是完成系统运行所需要的基础资料。通过对基础资料的调用，快速、准确地生成所需单据，实现具体的操作。ERP 系统初始化要完成 4 项工作：

① 基础数据准备与录入。
② 系统参数设置。
③ 初始化数据准备与录入。
④ 结束初始化启用业务系统。

基础资料，就是指在系统中使用的各种基础数据的总称。用户在录入凭证或者录入单据时，都毫无例外地需要输入一些业务资料信息，如科目、币别、商品、客户、金额等信息。通常来说，所有的凭证、单据都是由一些基础资料信息和具体的数量信息构成的。对于这些基础的数据，为了便于进行统一的设置与管理，我们提供了基础资料管理的功能。

由于金蝶 K/3 系统功能众多，囊括的范围很广，为了便于管理，我们根据业务性质将各种功能分在了不同的系统中以便于进行维护管理。这样，不仅存在着一些多个系统都会使用的公共基础数据，而且每一个系统都会相应的存在一些自己使用的基础资料。为了对这些不同的基础资料进行分类管理，我们又将基础资料细分为两个大部分：公共资料和各个系统中的基础数据。

（6）引入会计科目

在科目界面，点击菜单"文件"，选择从模版中引入科目，选择"企业会计制度科目"，单击"引入"，如图 3-6 所示，全选并确定。

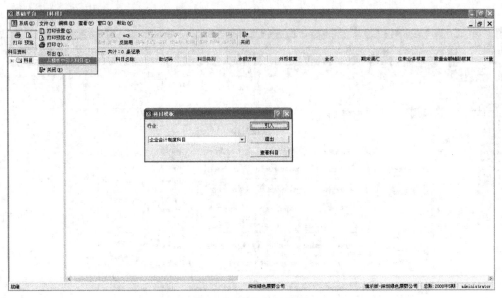

图 3-6 引入会计科目

(7) 凭证字设置

常用凭证字设置方案：A 收、付、转；B 现收、现付、银收、银付；C 记。

按"系统设置→基础资料→公共资料→凭证字"操作，进入凭证字设置窗口，点击工具栏的"新增"，增加凭证字为"记"，如图 3-7 所示。

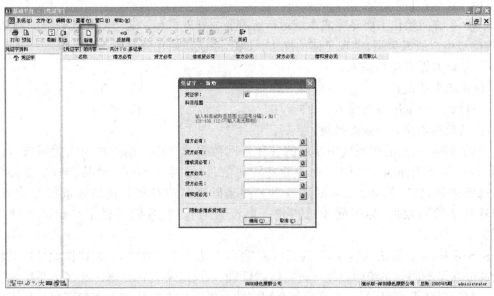

图 3-7 增加凭证字

(8) 增加计量单位组和计量单位

计量单位组主要用于对计量单位进行分组，以划分不同换算关系的计量单位。每一个计量组中都有一个默认的计量单位，同组内其他计量单位为辅助计量单位。辅助计量单位与默认计量单位通过换算率进行换算。

按"系统设置→基础资料→公共资料→计量单位"操作,进入计量单位设置主界面,点击"新增",在弹出的计量单位组窗口输入"数量组 1",直至"数量组 4"。选中"数量组 1",在右侧空白区,单击鼠标左键,再点击"新增",在弹出的计量单位窗口输入"片",其他数量组操作相同,如图3-8、3-9 所示。

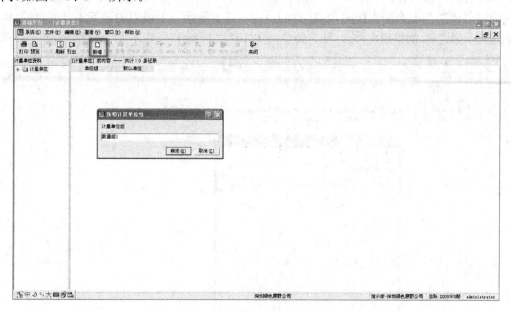

图 3-8　增加计量单位组

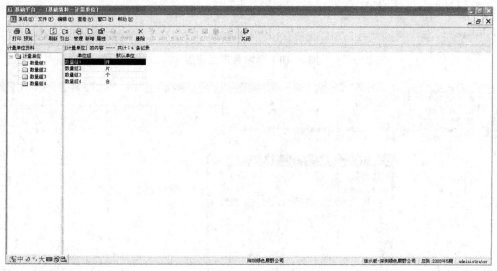

图 3-9　增加计量单位

注意点:

(1) 代码、名称不能重复;(2) 一个计量单位组下只有一个默认的基本计量单位,在设置数量金额核算时只能有一种默认计量单位,由于每个产品的单位有可能不同,所以在生成凭证时会产生错误,这时要在生成凭证选项中选择计量单位自动取用对应科目预设的缺省单位。

(9) 设置客户

按"系统设置→基础资料→公共资料→客户→新增"操作,在弹出的客户新增窗口内,点击工具栏上的"上级组"输入代码"01"与名称"华东区域",保存,如图3-10所示。再一次点击"上级组",便可进入输入客户信息窗口。输入代码"01.01"与名称"华北电子公司"。注意新增客户的代码,中间带".",其余操作相同,如图3-11.1、3-11.2所示。上级组的设置不是必须的,也可直接录入明细资料,如果层次较多、种类较多,可以通过"上级组"分类,这样层次清晰,便于管理。

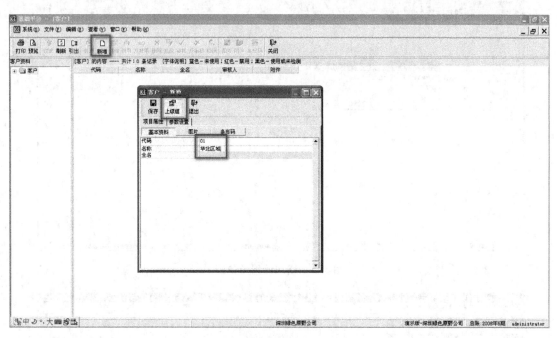

图3-10 新增客户上级组

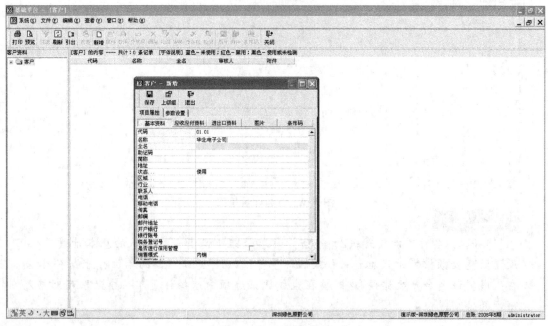

图3-11.1 新增客户

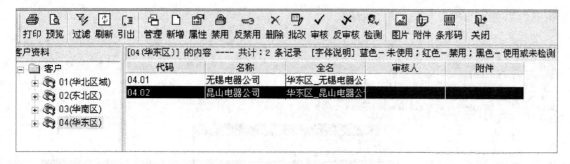

图 3-11.2　新增客户列表

（10）部门设置

按"系统设置→基础资料→公共资料→部门→新增"操作，录入部门信息，如图 3-12 所示。

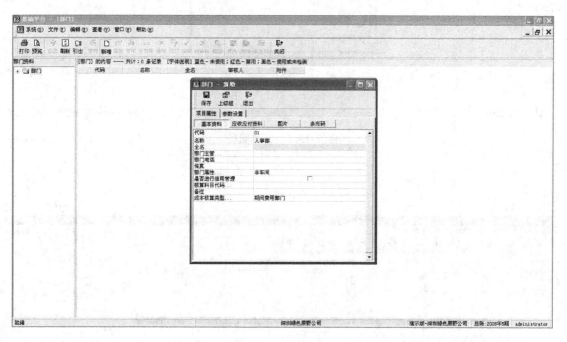

图 3-12　新增部门

（11）职员设置

按"系统设置→基础资料→公共资料→职员→新增"操作，录入职员信息，如图 3-13.1、3-13.2 所示。

（12）仓库设置

按"系统设置→基础资料→公共资料→仓库→新增"，录入仓库信息，如图 3-14.1、3-14.2 所示。

（13）供应商设置

按"系统设置→基础资料→公共资料→供应商→新增"操作，在弹出窗口的工具栏点击"上级组"，输入代码和供应商上级组名称。再点击"上级组"，输入供应商明细，注意代码中带有".",如图3-15.1、3-15.2所示。

图3-13.1 新增职员

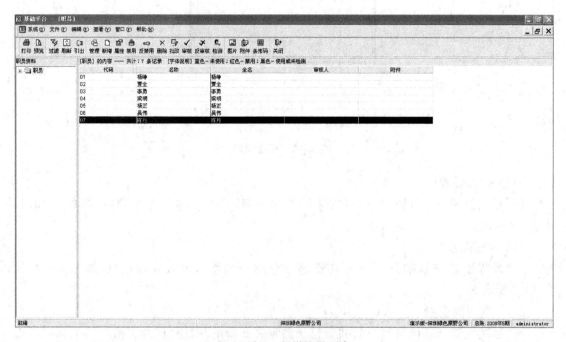

图3-13.2 新增职员列表

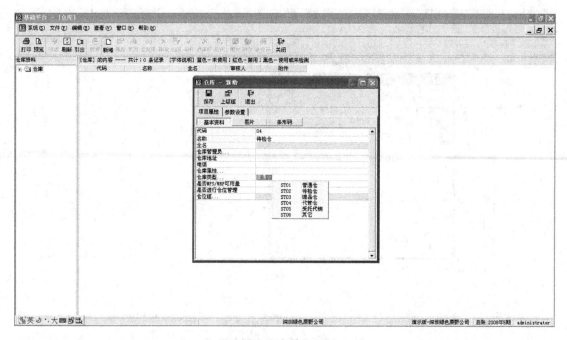

图 3-14.1 新增仓库

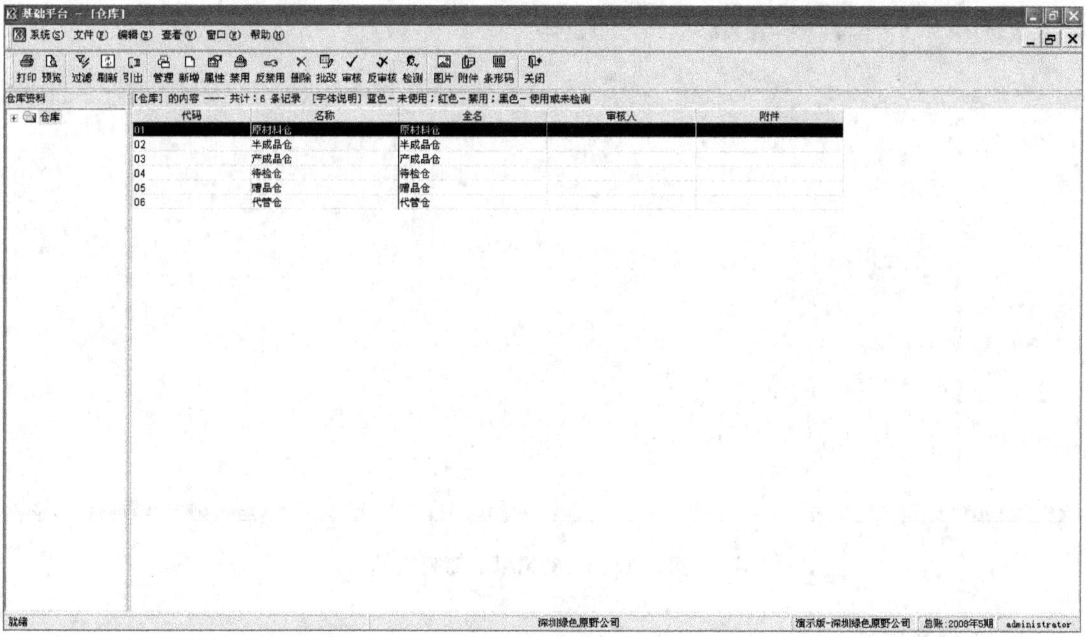

图 3-14.2 新增仓库列表

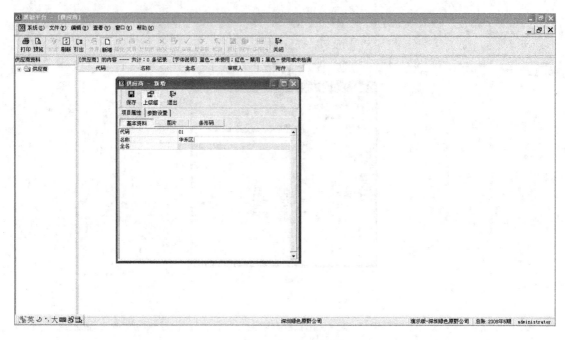

图 3-15.1　新增供应商上级组

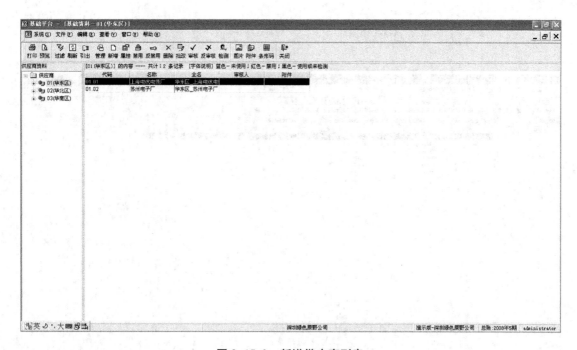

图 3-15.2　新增供应商列表

（14）物料设置

按"系统设置→基础资料→公共资料→物料→新增"操作，点击弹出的对话框工具栏上的"上级组"，录入上级组信息，保存，退出。再点击"新增"，进入物料新增界面，输入 CPU

等物料的基本资料、物流资料、计划资料等信息。

物料属性，是指物料的基本性质和产生状态。用户需要从系统设定的7种属性中选择，包括规划类、配置类、特征类、外购、委外加工、虚拟件、自制物料。物料属性在物料中是一个必须录入的项目。下面分别对属性的含义及应用进行逐一描述。

① 自制：物料属性为自制表明该物料是企业自己生产制造出的产成品。在系统中，如果是自制件，可以进行 BOM 设置，在 BOM 中，可以设置为父项，也可以设置为子项。

② 自制(特性配置)：当物料类型为自制(特性配置)类可以设置物料对应特性，并作为自制类或委外类物料特性配置方案的来源物料。自制(特性配置)类物料在业务应用上功能与自制类物料基本相同。

③ 外购：物料属性为外购，是指为生产产品、提供维护等原因而从供应商处取得的物料，可作为原材料来生产产品，也可以直接用于销售。在 BOM 设置中，不可作为父项存在。

④ 委外加工：物料属性为委外加工，是指该物料需要委托其他单位进行生产加工的物料，一般情况下，其处理类似自制件。

⑤ 虚拟件：物料属性为虚拟件，是指由一组具体物料(实件)组成的、以虚拟形式存在的成套件。

比如家具生产行业中，销售的产品为桌子，而实际发出的是拼装成桌子的桌面、桌腿、零件等实件，此时这个"桌子"实际上就是一种虚拟件。以虚拟属性存在的物料不是一个具体物料，不进行成本核算。当记载有虚拟件的销售订单关联以生成销售出库单时，虚拟件在销售出库单上展开、以子项的形式出库。

⑥ 规划类：它是针对一类产品定义的、为预测方便而设的，需要在预测时按类进行计划的一类物料。规划类的物料不是指具体的物料，而只是在产品预测时使用的物料虚拟类别。也就是说，对应的物料是产品类，不是具体的产品。

在 BOM 中，规划类的物料可以是父项，也可以是子项，但在 BOM 中，该类物料只能挂在规划类物料下，作为其他规划类物料的子项，而不能作为其他物料属性物料的子项进行定义。在产品预测单中可以录入对规划类物料的预测，在计算过程中会自动按比例分解到具体的物料。

⑦ 配置类：配置类物料，表示该物料存在可以配置的项，它是指客户对外形或某个部件有特殊要求的产品，其某部分结构由用户指定。如用户可以在购买汽车时选择不同的颜色、发动机功率。只有这类物料才能定义产品的配置属性，其他类型物料均不能定义配置属性。另外，"配置类"的物料只能作为规划类物料的子项，而不能作为其他物料属性的子项进行定义。

如果某物料被定义为"配置类"物料属性，则将其强制进行业务批次管理，并在销售订单上确定客户的产品配置。

⑧ 特征类：特征类物料与配置类物料配合使用，表示可配置的项的特征，不是实际的物料，在 BOM 中只能是配置类物料下级。特征类物料的下级才是真正由用户选择的物料。如汽车的颜色作为特征件，颜色本身不是实际的物料，表示颜色是可由用户选择的，其下级可能是黄色、黑色，这才是实际的物料。

此外，特征类物料需要定义其下属特征件组及其用量、百分比关系，并只能作为配置类物料的子项进行定义。此类物料不在任何单据上进行业务处理。

物料较多,操作步骤相近。注意点:主机在基本资料页签中物料属性选择"自制";电脑在物流资料页签内,在"是否采用业务批次管理"后面的方框内打钩,如图3-16.1～3-16.4所示。

图3-16.1　新增主机的基本资料

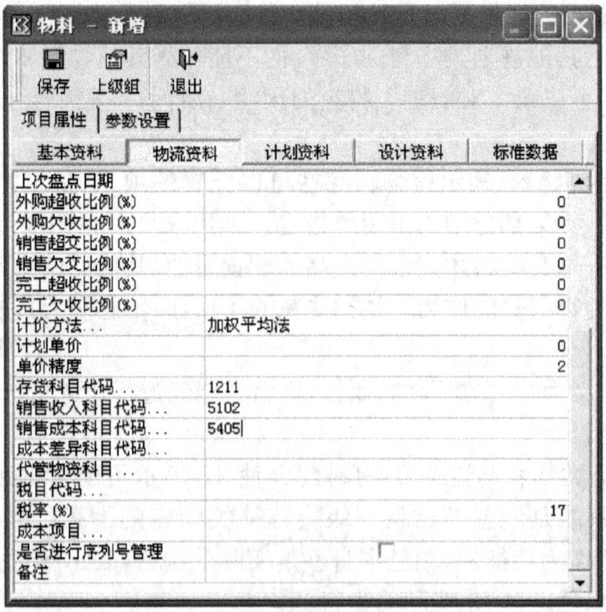

图3-16.2　新增主机的物流资料

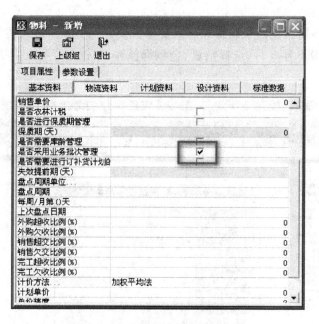

图 3-16.3　新增电脑的物流资料

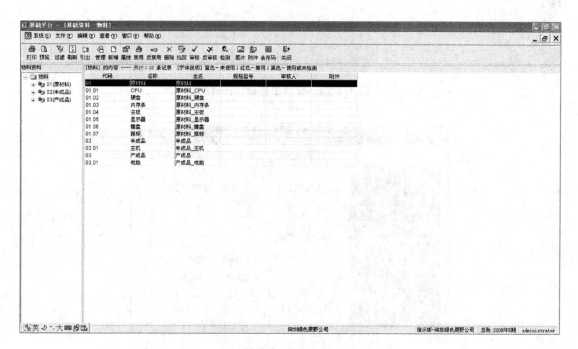

图 3-16.4　新增物料列表

(15) 系统参数设置

系统参数的设置是 ERP 系统的数据控制、程序走向的条件，不同的选择，即系统参数的"是"与"否"的设置，对整个系统的数据管理、程序流程起着控制作用。在 K/3 ERP 系统中，生产管理、销售管理、采购管理、仓存管理、存货核算、质量管理 6 个子系统的"参数设置"，具有类似的界面模式。

按"系统设置→初始化→采购管理→系统参数设置"操作后,进入核算参数设置向导,业务系统启用年度,2008年5月,选择数量、金额都核算,单据保存后立即更新,如图3-17.1～3-17.2所示。

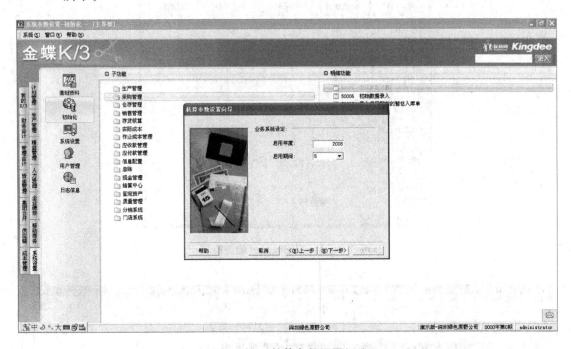

图3-17.1 核算参数设置(一)

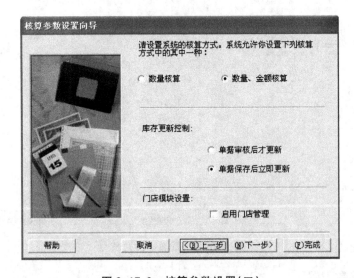

图3-17.2 核算参数设置(二)

(16) 初始数据录入

按"系统设置→初始化→仓存管理→初始数据录入"操作,选择原材料仓,录入物料代码、期初数量和期初金额,保存,如图3-18.1、3-18.2所示。

第3章 ERP 实践训练

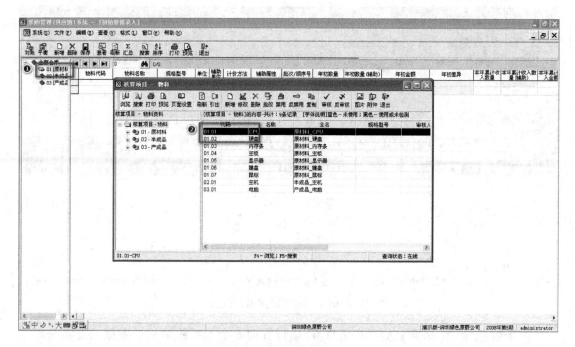

图 3-18.1 初始数据录入(一)

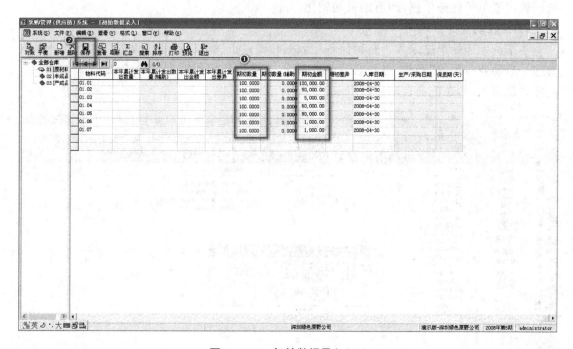

图 3-18.2 初始数据录入(二)

在产成品仓,录入电脑时,由于在物料属性设置中采用业务批次管理,需要在批次/顺序号的绿色框上点开,"新增"批号,初始库存批号为 20080430,填写期初数量 100 台和期初金额 400 000 元,保存,退出。如图 3-18.3 所示。

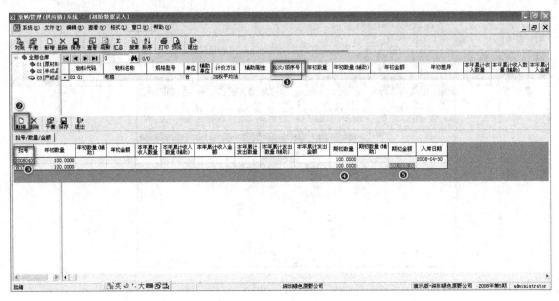

图 3-18.3　初始数据录入(三)

对于生产、销售、采购、仓存、存货核算、质量管理 6 个子系统的初始数据只要在仓存系统中录入物料的期初数据,以及采购业务中的暂估处理的采购入库单、销售业务中尚未核销的销售出库单等业务单据,即可结束初始化。

(17) 启动业务系统

本案例无初始单据录入。在确保各项数据和设置正确后,按"系统设置→初始化→采购管理→启动业务系统"操作,点击启动业务系统,在弹出的提示框上点"是",如图 3-19 所示。业务系统启用后,系统会自动重新登录。

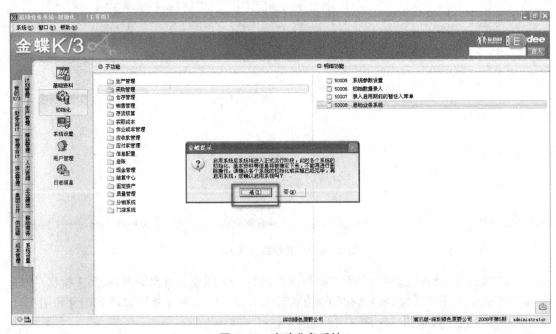

图 3-19　启动业务系统

【实验指导】

【任务二】账套备份

按"开始→程序→金蝶 K/3→金蝶 K/3 服务器配置工具→账套管理"操作。点击工具栏上的"备份",备份方式选择完全备份,选中备份路径后,输入文件名称,确定。在备份路径下产生两个文件,再次进行恢复时,这两个文件缺一不可,如图 3-20.1、3-20.2 所示。

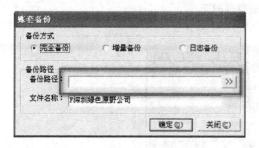 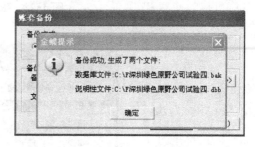

图 3-20.1 选择备份路径　　　　　　　　图 3-20.2 生成备份文件

2 实验任务二　系统初始化

【实验知识】

初始化就是把变量赋为默认值,把控件设为默认状态,把没准备的准备好。通过账套初始化,将企业系统中各参数进行合理化设置,使系统为达到预定可使用状态做好准备。在学习过程中,要注意,一旦启用系统,初始化中的部分参数和数据将不能修改,所以用户在启用前一定要对各项目参数和数据的合理性进行考量和备份。

【实验目的】

熟悉基础资料的总体结构,把握基础资料在整个系统中的根基作用。理解会计科目,凭证字等有关概念。掌握生产管理和应收付款管理的初始化步骤。

【实验任务】

深圳绿色原野公司于 2008 年 5 月 1 日开始正式使用金蝶 K/3,请完成生产管理、供应链、应收款和应付款管理模块的初始化。

【实验指导】

【任务一】生产管理、供应链管理初始化

(1) 设置系统时间。将桌面右下角的电脑系统的时间设置为 2008 年 5 月 1 日,如图 3-21 所示。

(2) 账套恢复。按"账套管理→恢复→确定"操作,选择 Windows 身份验证,确定。如图 3-22、3-23 所示。

在左边树状文件图中选择要恢复的账套文件"深圳绿色原野(供应链未结束初始化)"右侧账套名处便显示出刚选择的账套名称,输

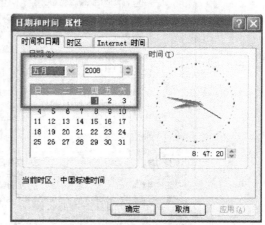

图 3-21 修改系统时间

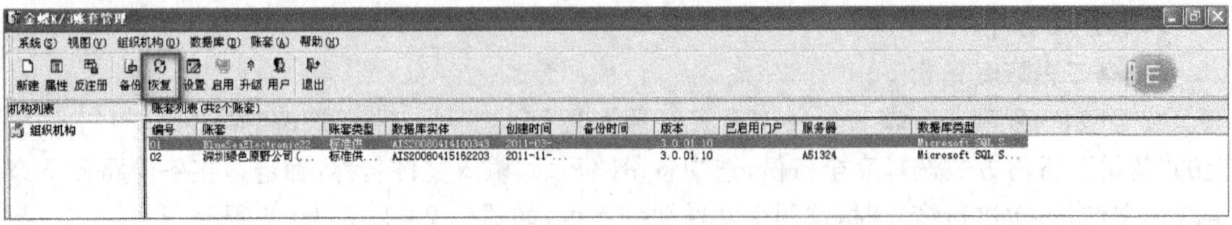

图 3-22 账套管理界面

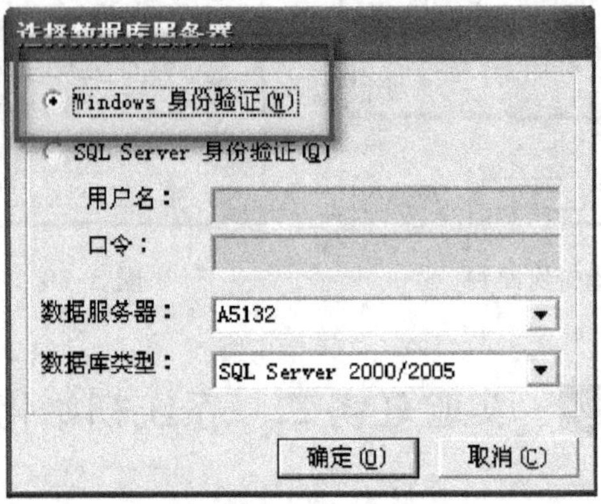

图 3-23 选择数据库服务器

入账套号（账套名、账套号和已恢复的账套名、账套号不能重复），确定，如图 3-24、3-25 所示。账套恢复成功。提示是否恢复其他账套，如果没有点"否"。（提示：此处恢复的账套与实验任务一所建账套不是同一账套。）

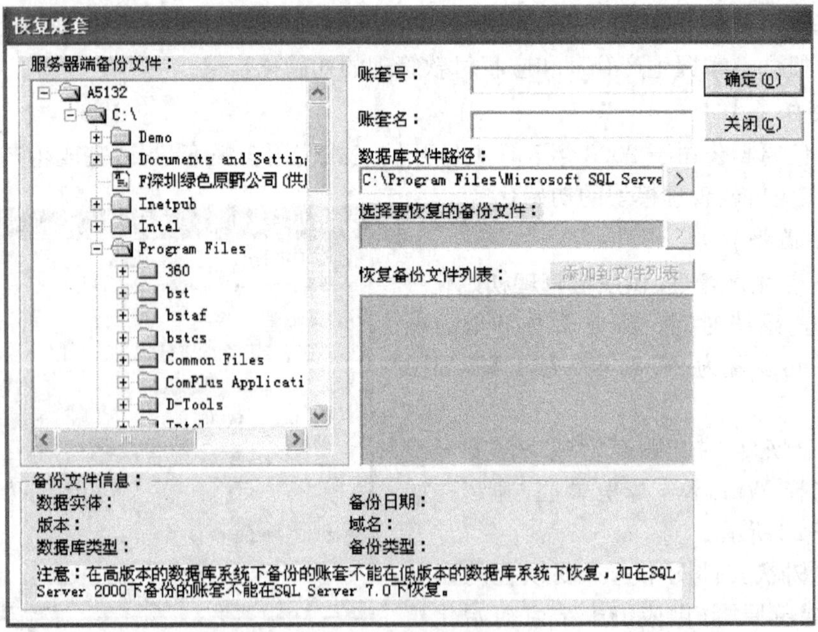

图 3-24 恢复账套

第 3 章　ERP 实践训练

图 3-25　设置账套号与账套名

（3）登录金蝶 K/3 主控台。按"开始→程序→金蝶 K/3→金蝶 K/3 主控台"操作，在"下拉选项"中找到恢复的账套名，以命名用户身份登录，用户名 administrator，密码为 0，如图 3-26 所示。

图 3-26　登录金蝶 K/3 主控台

（4）单击"确定"，进入金蝶 K/3 主控台，如图 3-27 所示，查看 K/3 主控台的下方状态栏，确认账套是否为"深圳绿色原野公司""总账：2008 年 5 期"。如果账套信息不符，重新登录。

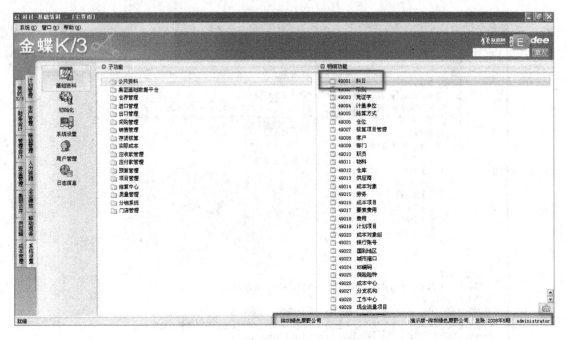

图 3-27　金蝶 K/3 主控台界面

（5）查看"基础资料→公共资料"中的科目、币别、凭证字、计量单位、结算方式、客户、部门、职员、物料、仓库、供应商等基础资料，并理解各部分资料的作用。如会计科目是对会计对象的进一步明细分类，便于核算。凭证字有"收""记""付"等，但我们这里统一用"记"。

（6）工厂日历设置。按"系统设置→初始化→生产管理→工厂日历"操作，打开"工厂日历"，将工厂日历起始日设为 2008 年 5 月 1 日，保存后退出，如图 3-28 所示。

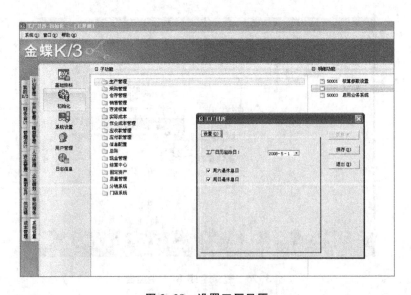

图 3-28　设置工厂日历

（7）启用业务系统。按"系统设置→初始化→生产管理→启用业务系统"操作，弹出对话框,单击"是",如图 3-29 所示。

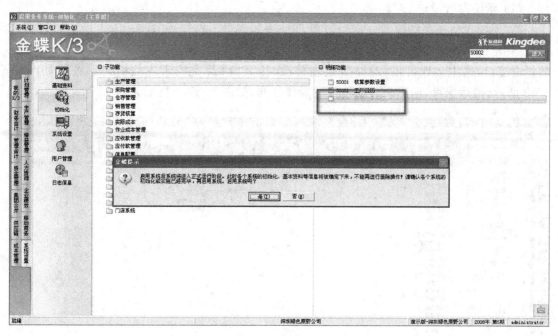

图 3-29 启用业务系统

(8) 重新登录主控台。业务系统启用后,系统会自动重新登录,进入金蝶 K/3 主控台后,原先的核算参数设置、工厂日历、启用业务系统三项变为反初始化一项,如图 3-30 所示,此时生产管理、采购管理、销售管理等都已结束初始化。系统结束初始化后一些基本资料都不能再进行修改,如果需要修改可以进行反初始化。

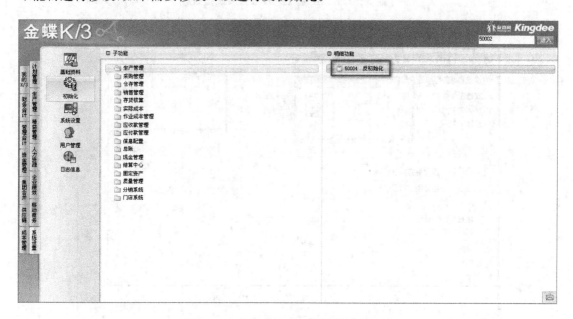

图 3-30 业务系统启用后的主控台界面

【任务二】应付款管理初始化

（1）系统参数设定

按"系统设置→系统设置→应付款管理→系统参数"操作，如图 3-31.1 所示。双击打开，在弹出的系统设置窗口中选择"科目设置"，如图 3-31.2 所示；再点击其他应付单空格旁的折叠窗口，选中会计科目"2181"，点击修改，让其"科目受控于应收应付系统"，如图 3-31.3 所示，最后保存，退出。其他科目的操作相同，如图 3-31.4 所示。

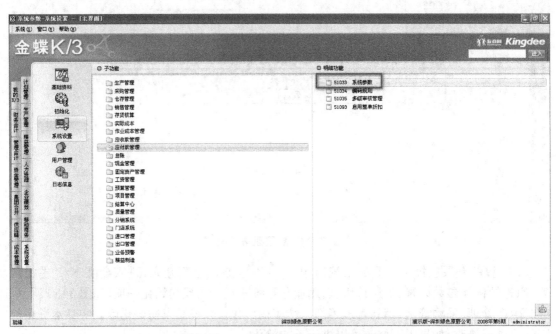

图 3-31.1　应付款初始化的系统参数

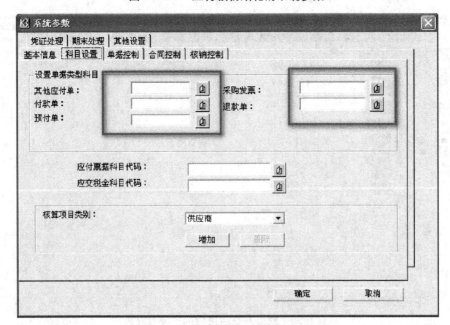

图 3-31.2　系统参数下的科目设置

图 3-31.3 修改科目受控系统

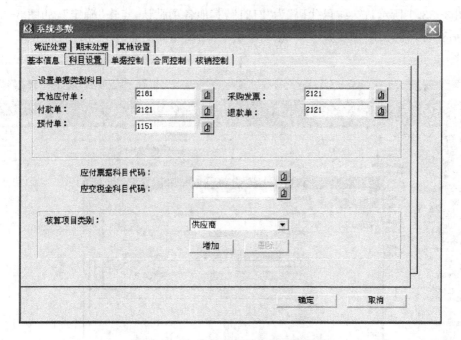

图 3-31.4 应付款系统参数科目设置

(2) 初始化

① 按"财务会计→应付款管理→初始化→初始化检查"操作,双击打开,如图 3-32 所示。金蝶提示:"初始化检查已通过",点击"确定"。

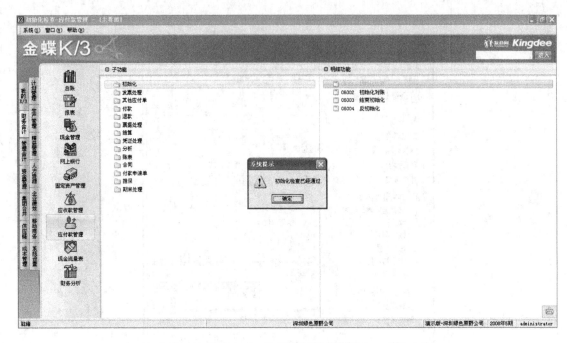

图 3-32　应付款初始化检查

② 按"财务会计→应付款管理→初始化→初始化对账"操作，在出现的过滤条件界面中，如图 3-33.1 所示，选"科目代码"为"2121"，其他各项默认，点击"确定"，如图 3-33.2 所示。然后在弹出的初始化对账窗口，点工具条上"退出"，如图 3-33.3 所示。

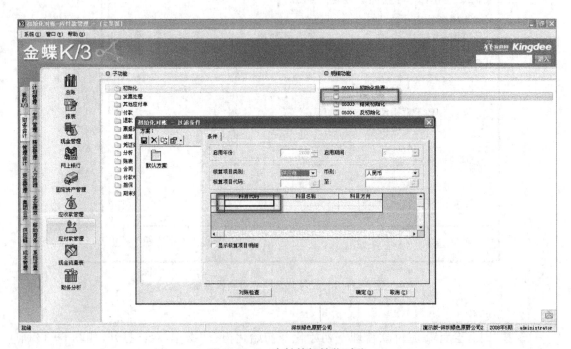

图 3-33.1　应付款初始化对账

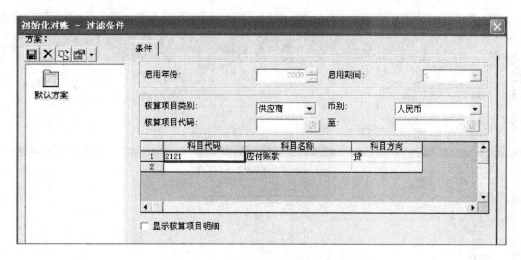

图 3-33.2　应付款初始化对账科目代码

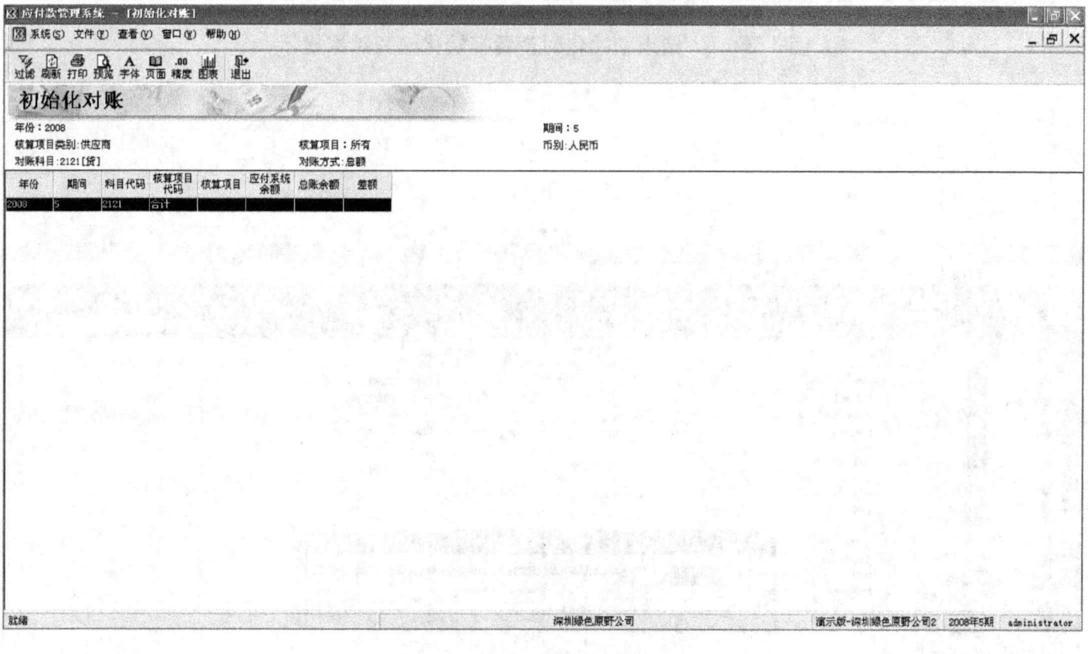

图 3-33.3　应付款初始化对账列表

③ 按"应付款管理→初始化→结束初始化"操作，双击打开出现提示："结束初始化之前，需要查看初始化检查的结果吗"，点击"否"，如图 3-34.1 所示；接着弹出"现在需要初始化对账吗?"点击"否"，如图 3-34.2 所示。提示"系统启用成功"，点击"确定"，如图 3-34.3 所示。

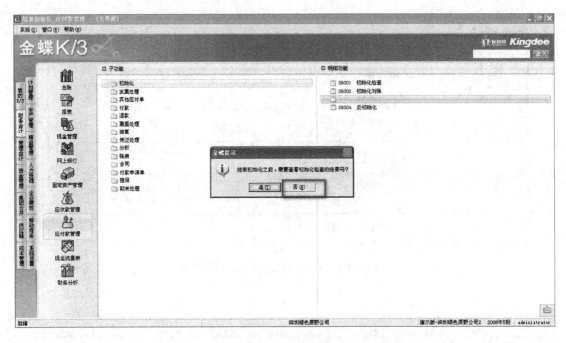

图 3-34.1　结束初始化时查看初始化检查结果提示

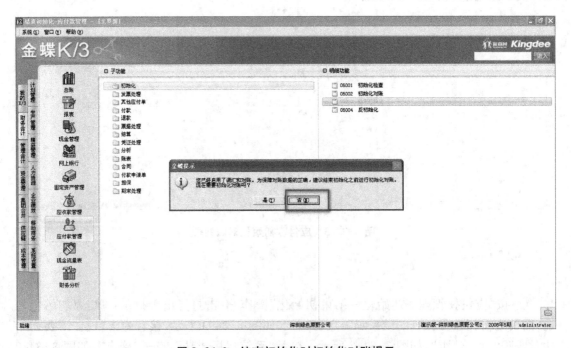

图 3-34.2　结束初始化时初始化对账提示

第 3 章 ERP 实践训练

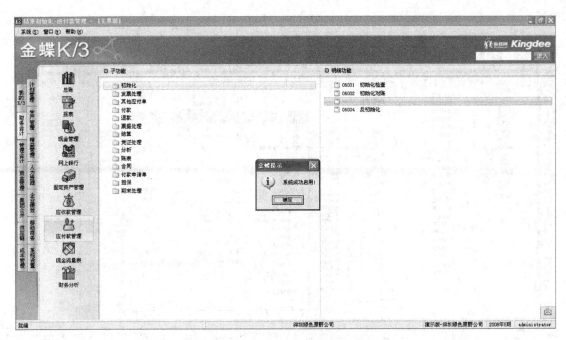

图 3-34.3 应付款初始化成功启用

【任务三】应收款管理初始化

（1）系统参数设置，首先按"系统设置→应收款管理→系统参数"操作。双击打开选择科目设置，如图 3-35.1 所示；再点击其他应收单空格旁的折叠窗口，选中会计科目"1131"，点击修改，让其"科目受控于应收应付系统"，保存，如图 3-35.2 所示，退出。其他科目的操作一样，如图 3-35.3 所示。科目设置完毕后，点击"确定"，需要录入"坏账损失科目代码"，如图 3-35.4 所示，在弹出的窗口新增损失科目记为"1141"并选中，如图 3-35.5 所示。

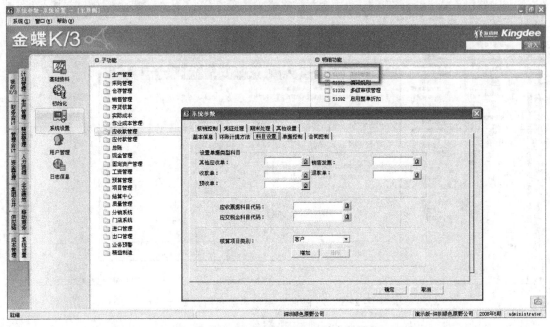

图 3-35.1 应收款初始化系统参数界面

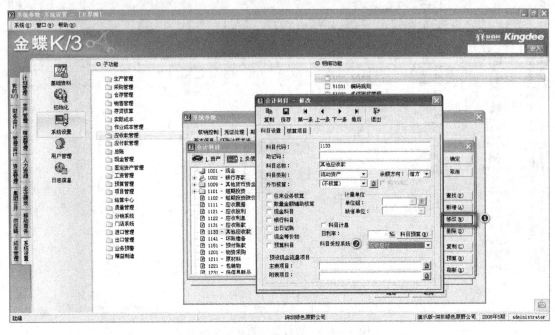

图 3-35.2 应收款系统修改科目受控系统

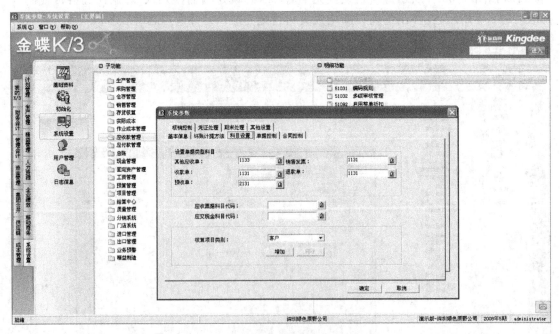

图 3-35.3 应收款系统参数科目设置

第3章 ERP实践训练

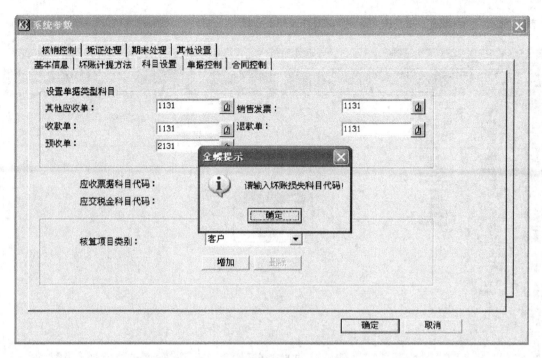

图 3-35.4 应收款系统参数输入坏账损失科目提示

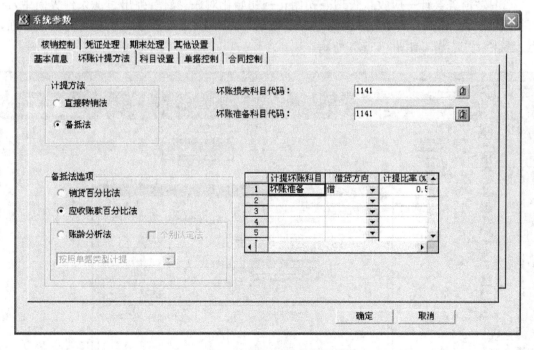

图 3-35.5 应收款坏账科目设置

（2）初始化

① 按"财务会计→应收款管理→初始化→初始化检查"操作，双击打开。金蝶提示：

"初始化检查已通过。",点击"确定",如图 3-36.1 所示。

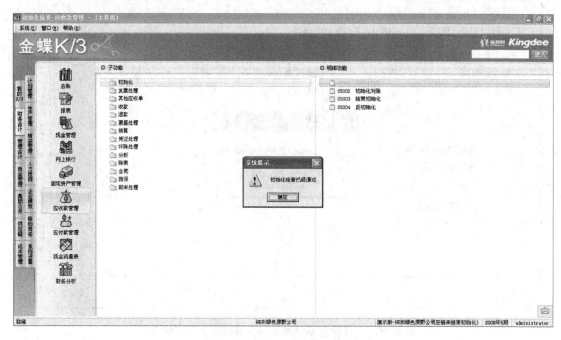

图 3-36.1　应收款初始化检查

② 按"财务会计→应收款管理→初始化→初始化对账"操作,弹出过滤条件界面中,选"科目代码"为"1131",其他各项默认,点击"确定",如图 3-36.2 所示。出现对账列表界面,点工具栏上"退出",如图 3-36.3 所示。

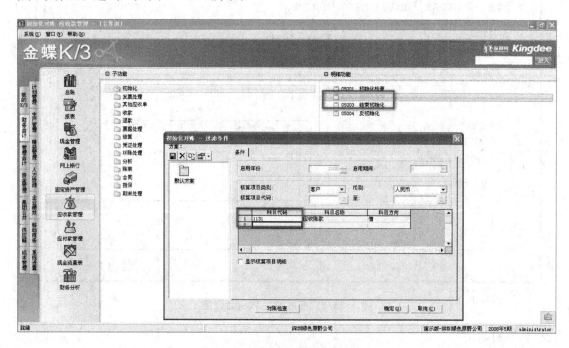

图 3-36.2　填写初始化对账科目

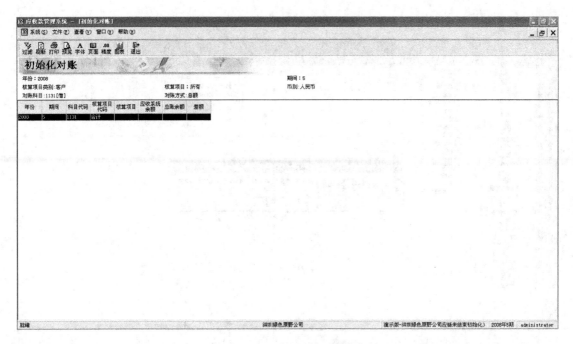

图 3-36.3　初始化对账列表

③ 按"财务会计→应收款管理→初始化→初始化对账"操作,"结束初始化之前,需要查看初始化检查的结果吗?"点击"否",如图 3-36.4;又出现提示:"需要初始化对账吗?"点击"否",如图 3-36.5 所示;金蝶提示"系统启用成功",点击"确定",如图 3-36.6 所示。至此,应收款管理已成功启用。

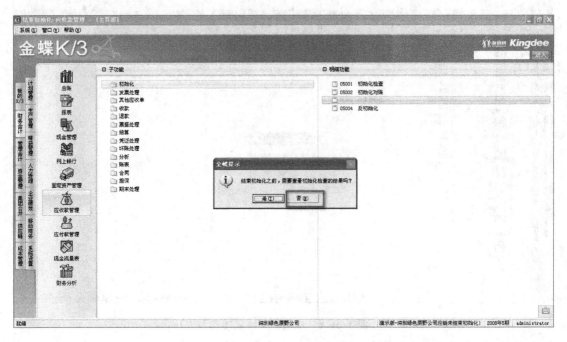

图 3-36.4　结束初始化时查看初始化检查结果提示

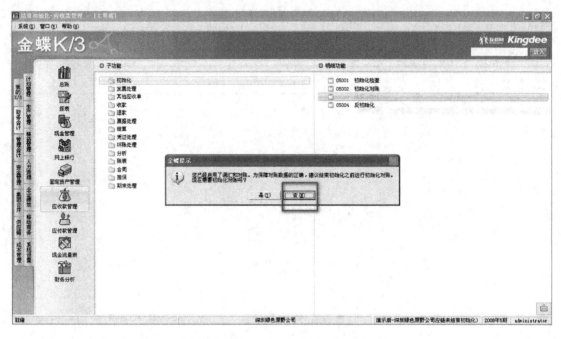

图 3-36.5 结束初始化时初始化对账提示

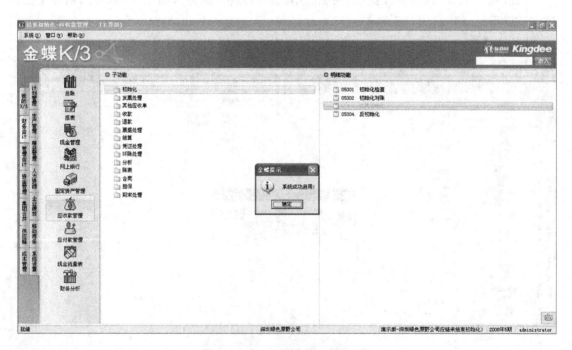

图 3-36.6 应收款系统成功启用

3 实验任务三 销售订单业务

【**实验知识**】

销售订单是购销双方共同签署的、以此确认购销活动的标志。销售订单不仅是销售管理系统的重要单据,而且在 K/3 供应链系统中处于核心地位。

销售订单的重要性不仅表现在其所反映的业务资料是企业正式确认的、具有经济合法地位的文件,通过它可以直接向客户销货并可查询销售订单的发货情况和订单执行状况,是销售业务中非常重要的管理方式,在销售系统中处于核心地位;同时在整个供应链系统中也处于非常重要的地位。

(1) 销售订单是物资在销售业务中流动的起点,是详细记录企业物资的循环流动轨迹、累积企业管理决策所需要的经营运作信息的关键。无论是销售订单自身的确认,还是其业务顺序流动、被下游单据精确执行,都能反映在销售订单上,通过销售订单,销售业务的处理过程可以一目了然。

(2) 销售订单不仅是销售业务的起源,更是供需链整体的业务处理源。由于供应链系统可以实现以销定产、以销售定计划、以销定购等多种业务处理,因而在所有业务单据中,销售订单的传递途径最多、涵盖的业务范围最广,不仅针对销售系统,对采购系统、仓存系统、计划系统、生产系统、分销管理系统都是重要的起源单据和最终目标。

(3) 销售订单是供应链的重要信息中心之一。销售订单涵盖业务的广泛性决定着它不仅能显示销售业务自身信息,还能通过传递、接收获取来自采购、生产、库存、应收款等多个系统的信息,将供应链整体的信息全面、有机地联系起来,综合企业生产经营活动,是提高整个系统的综合运作水平和效率的决定性因素。

销售管理系统业务运作如图 3-37 所示,是通过销售报价、销售订货、仓库发货、销售退货、销售发票管理、客户管理、价格及折扣管理、订单管理、信用管理等功能综合运用的管

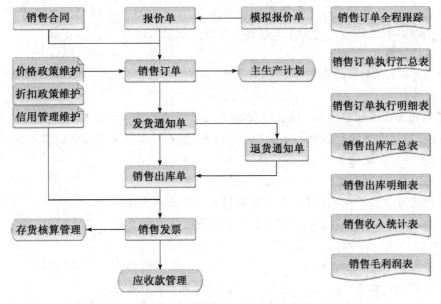

图 3-37 销售管理系统业务运作图

理系统,以此对销售全过程进行有效控制和跟踪,实现完善的企业销售信息管理。该系统既可以独立执行销售操作,也可以与采购管理系统、仓存管理系统、应收款管理系统、存货核算管理系统等其他系统结合运用,并且能提供更完整、全面的企业物流业务流程管理和财务管理信息。

【实验目的】

理解销售订单在 K/3 系统尤其是供应链体系中的重要地位,能熟练掌握销售订单录入的相关操作。

【实验任务】

按照购销合同,完成订单录入。

购 销 合 同

买方:美国 WEB 实验室

卖方:深圳绿色原野公司

一、买方订购以下产品

型号配置: 绿色牌电脑(高端)　　数量: 1000　　单价: 8000 元

单位: 台　　税率: 17%　　合同总金额(人民币大写): 玖仟陆佰叁十万整

二、交货方式、时间、地点

卖方须在本合同签订后 7 日内交货,由卖方发货,运费由卖方承担。

三、验收

货物到达后,由卖方完成对的货物安装调试,由买方对货物的品种、质量、型号、数量进行检验,如发现货物的品种、质量、型号、数量与合同规定不符,买方有权拒绝接受。货物由买方验收合格并运走后,卖方不承担货物的品种、型号、数量与合同规定不符的责任。

四、货款支付

在卖方交货,并安装完毕,买方验收合格后 7 日内买方一次性支付全部余额(大写): 100% 货款(即人民币: 玖仟陆佰叁十万整 圆整)。

五、售后服务

本合同所指的货物自验收合格之日起,按 1 年内免费保修,具体实施办法见产品保修卡。

六、违约责任

买方无正当理由拒收货物,如拒收货物对卖方造成损失,卖方有权追索。买方逾期付款,买方每日偿付卖方欠款总额 2% 的滞纳金;卖方不履行售后服务的有关义务,对买方造成损失,买方有权追索。

七、争议解决

本合同发生争议产生的诉讼,由合同签订地人民法院受理。

八、本合同未尽事宜,经买卖双方协商一致并按合同法有关规定处理。

买方:美国 WEB 实验室(签章)　　卖方:深圳绿色原野公司(签章)

委托代理人:王立　　　　　　　　委托代理人:葛放

日期:2008 年 4 月 28 日　　　　　日期:2008 年 4 月 28 日

【实验内容】

(1) 销售订单录入。按"供应链→销售管理→销售订单→新增"操作,如图3-38所示。

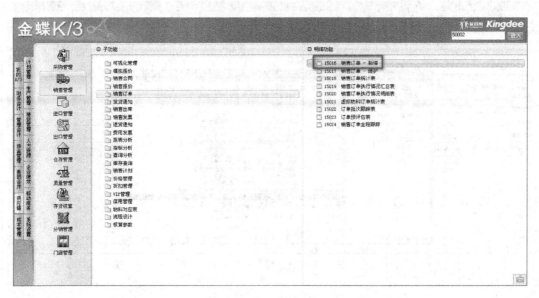

图3-38 销售订单新增

(2) 出现一张空白销售订单的录入界面,如图3-39所示。

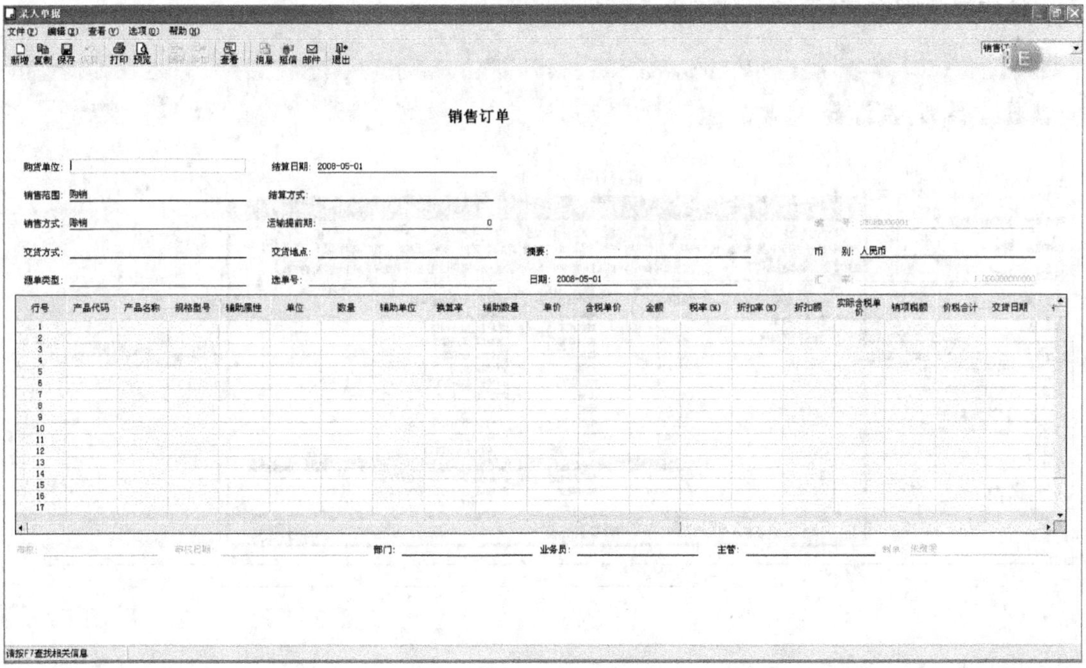

图3-39 空白销售订单

(3) 录入购货单位。鼠标单击购货单位处方框,按下"F7"快捷键,弹出客户列表,选择美国 WEB 实验室,如图 3-40 所示。

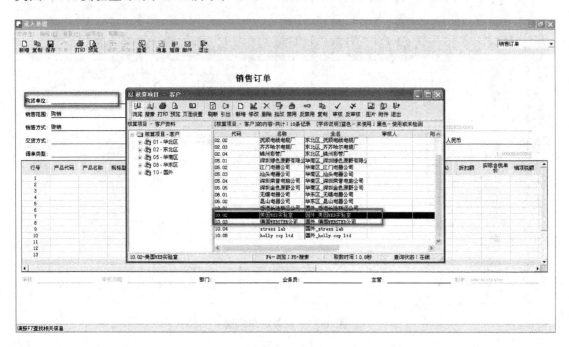

图 3-40　录入购货单位

(4) 按销售合同录入订购产品及相应价格和数量。此处同样在产品代码处按"F7"快捷键。选中绿色牌电脑(高端),如图 3-41 所示。

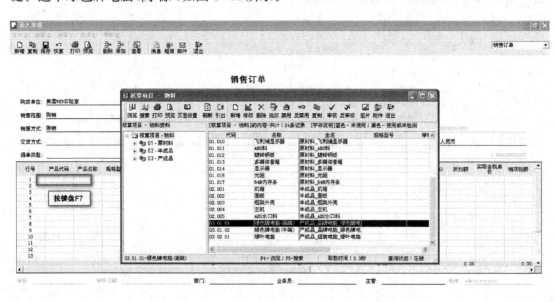

图 3-41　录入订购产品

(5) 然后填入数量 1 000 台，单价 8 000 元，接着按"F7"快捷键填入部门、业务员信息。单击"保存"，如图 3-42 所示。

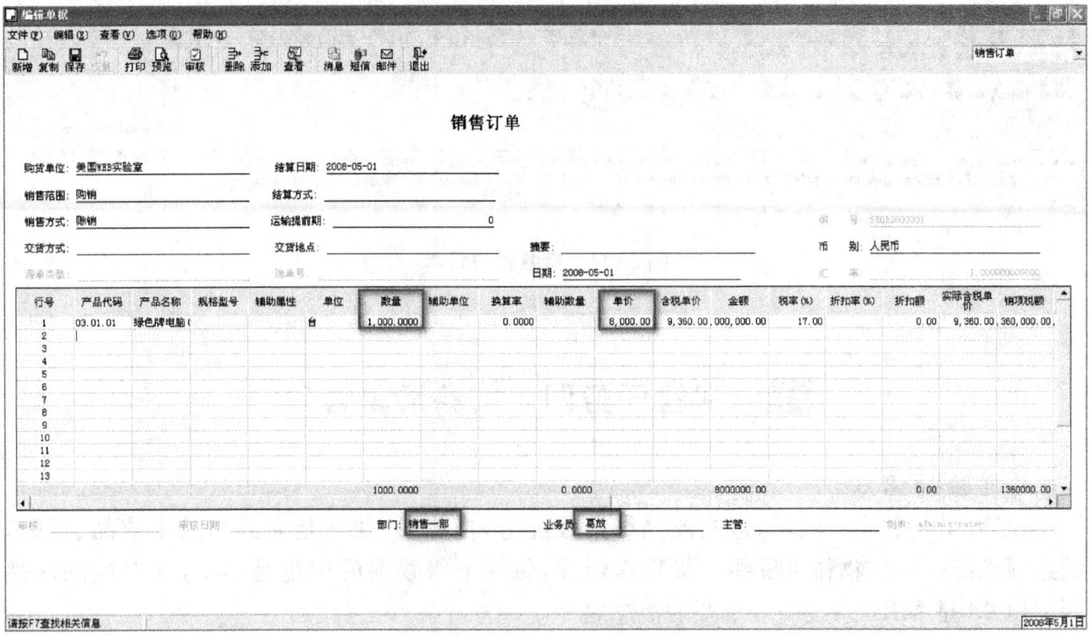

图 3-42　已保存的销售订单

(6) 根据"每单必审"原则，保存单据后，单击"审核"按钮，提示审核成功（注意在后面的操作中所有的单据都需要审核）。至此一张销售订单就完成了，单击"退出"，如图 3-43 所示。

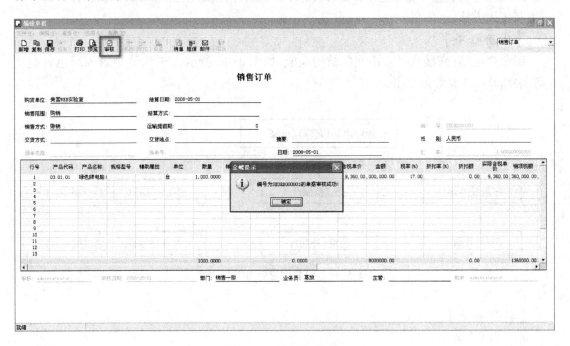

图 3-43　销售订单审核

(7) 查看销售订单。按"供应链→销售管理→销售订单→维护"操作,如图3-44所示。

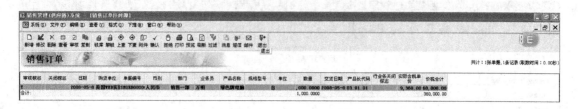

图3-44 查看销售订单

4 实验任务四 物料清单管理

【实验知识】

BOM即物料生产清单,也叫产品结构或配方,指物料(通常是完成品或半成品、部品)的组成情况——该物料由哪些下级物料组成,每一下级物料的用量是多少,其对应的属性等。BOM是MRP系统中最重要的概念之一。

不同的物料类型对应的BOM类型也不同。在物料主文件的物料属性中,有规划类、配置类、特征类、自制类、外购类、委外加工类、虚拟件等类型。

【实验目的】

深入理解物料清单的概念,了解物料清单的几种不同类型,熟悉BOM掌握物料清单的设置和使用方法。

【实验任务】

绿色牌电脑(高端)BOM由两层结构组成,如图3-45所示。在K/3中录入绿色牌电脑(高端)BOM,并设置为使用。

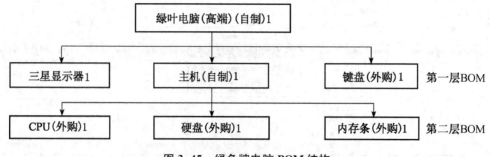

图3-45 绿色牌电脑BOM结构

【实验内容】

(1) BOM录入

按"计划管理→生产数据管理→BOM→新增"操作,如图3-46。根据绿色牌电脑(高端)的 BOM 信息,录入第一层 BOM。

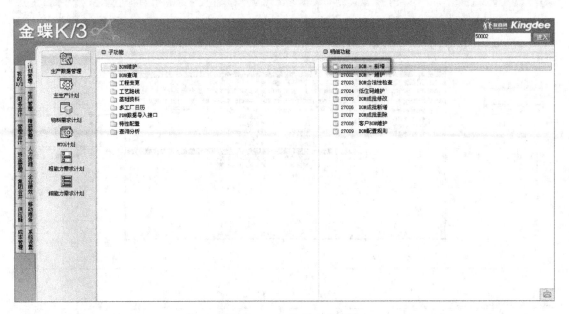

图 3-46 BOM 录入界面

(2) 录入第一层 BOM

① 在 BOM 单组别按"F7",新增"电脑"组别,确定后,选择此组别,如图 3-47 所示。

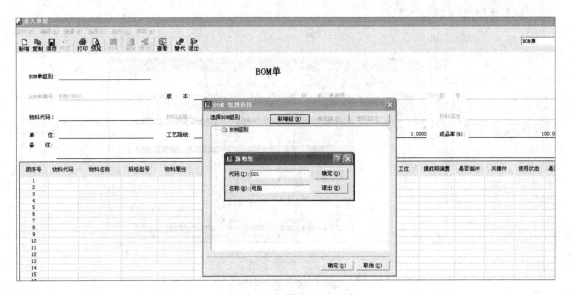

图 3-47 新增 BOM 组别

② 物料代码选择绿色牌电脑(高端),如图 3-48 所示。

③ 在表格中的物料代码中选中键盘,三星显示器和主机三项。回车,数据会自动填充到表格,如图 3-49 所示。

图 3-48 录入生产的产品

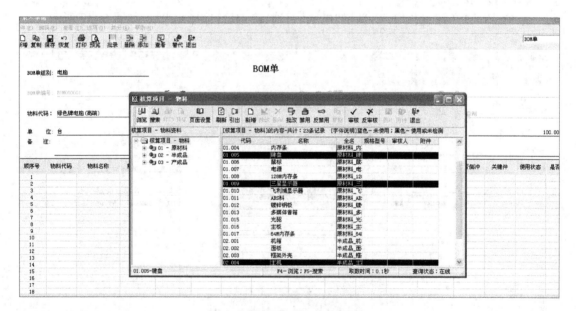

图 3-49 选择物料

④ 保存,审核。

(3) 录入第二层 BOM

操作同前,此处生产的物料选择"主机"。表格中的物料选择"CPU""硬盘""内存条"。保存,审核,如图 3-50 所示。

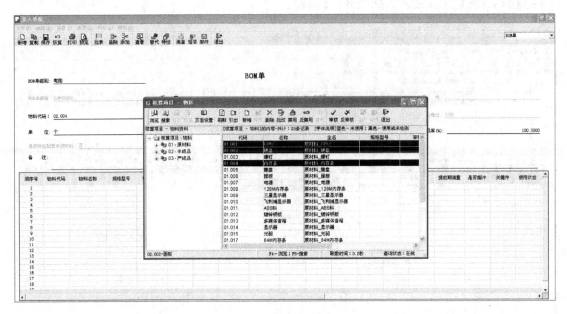

图 3-50　录入第二层 BOM

(4) BOM 维护

按"计划管理→生产数据管理→BOM 维护"操作,如图 3-51 所示。在 BOM 的维护下,可对 BOM 单据进行使用、反使用、反审核、删除等操作。

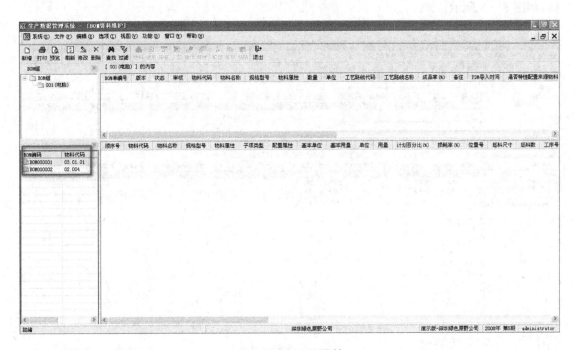

图 3-51　BOM 维护

点击工具栏上的"使用",如图3-52所示。

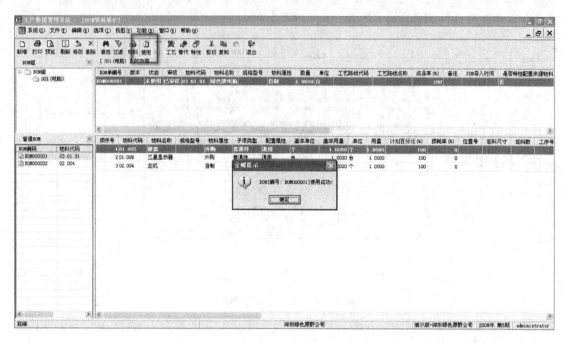

图3-52　BOM使用

将2个BOM单进行审核、使用后,可以查看2张BOM单据的状态转换为已使用、已审核,如图3-53所示。

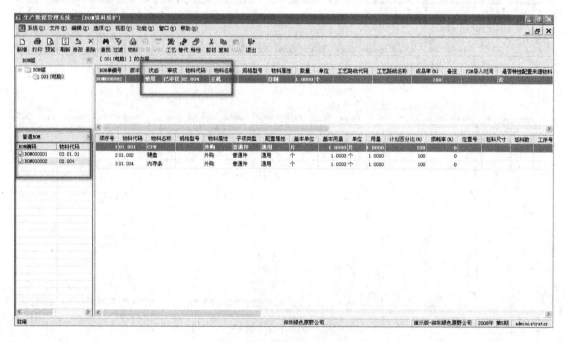

图3-53　查看BOM单

5 实验任务五 物料需求计划

【实验知识】

K/3 物料需求计划管理系统的建立,是为了向用户提供方便的产品类、具体产品的预测处理和预测均化功能,为面向库存生产或预测结合订单方式生产的企业提供方便的工具。同时,也提供销售订单产生需求的处理方法。

K/3 物料需求计划管理系统融先进的 MRP 管理思想于软件设计之中,通过物料需求计划 MRP,将独立的需求(销售或预测)作为需求,考虑现有库存、已分配量、预计入库等因素,通过 BOM 向下展开需求,得到主要产品(MRP 类物料)的计划量。主计划员可对该计划量进行维护、确认或进行细能力计划,将能力的影响体现在计划的改变上。对确定的计划订单,也可作为预计入库量,实现滚动计划功能。

MRP 计算原理,如图 3-54 所示。

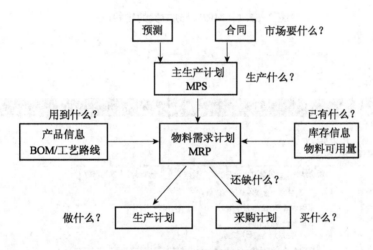

图 3-54 MRP 的逻辑流程图

【实验目的】

掌握 MRP 计算的原理,理解 MRP 在生产制造中的核心地位。

【实验任务】

计划人员一是根据销售订单去做物料需求计划,生成生产计划和采购计划;二是直接将生产计划发放生产任务单到生产车间,将采购计划发放成采购申请单。

【实验内容】

(1) MRP 计划方案的维护。按"计划管理→物料需求计划→系统设置→MRP 方案维护"操作。其中 MRP 方案选择 MTO(面向订单生产);对于投放参数,点击"修改"按钮,在"运算完成后直接投放生产订单"和"统一按方案制定负责人"前方框选上对钩,具体数据设置如图 3-55.1~3-55.4 所示,修改完成后保存。

ERP 应用实训教程——金蝶 K/3 版

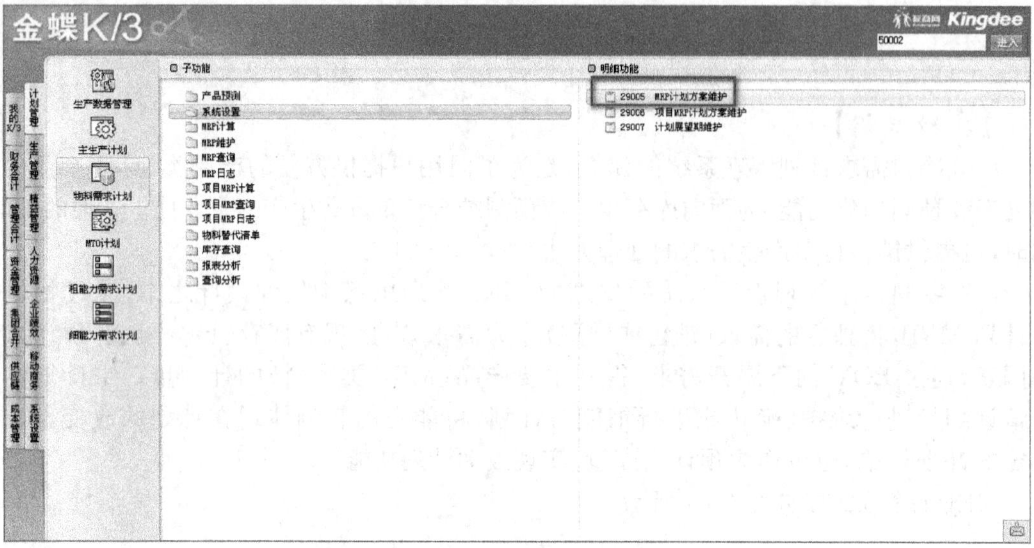

图 3-55.1　MRP 计划方案的维护(一)

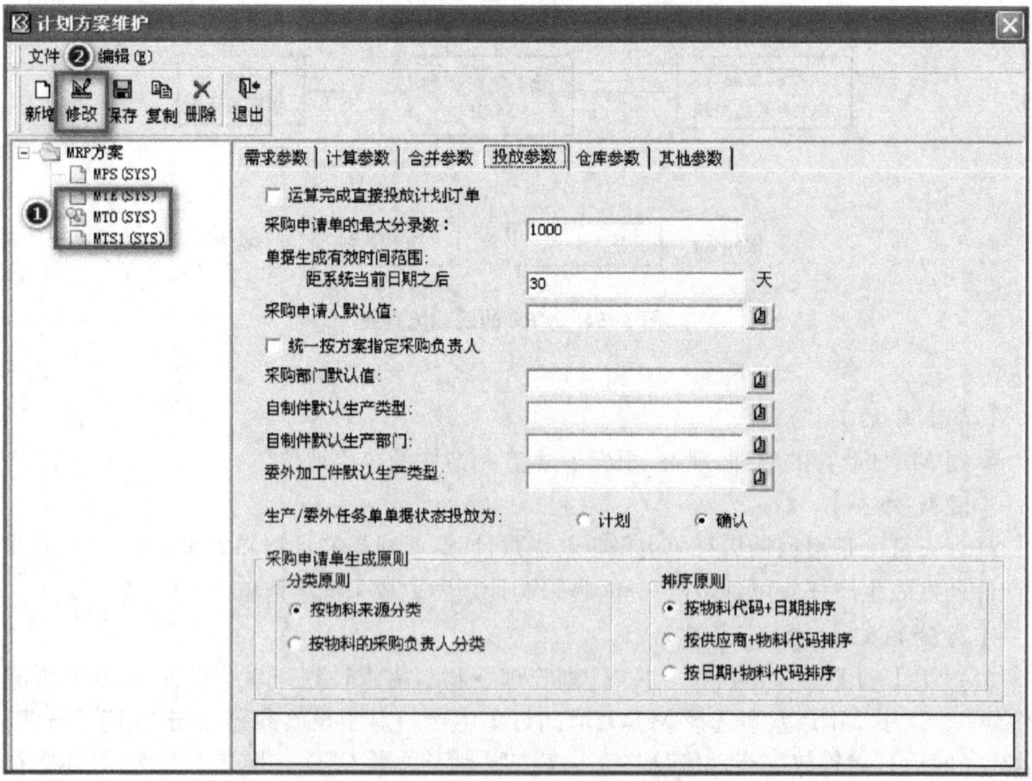

图 3-55.2　MRP 计划方案的维护(二)

第3章 ERP实践训练

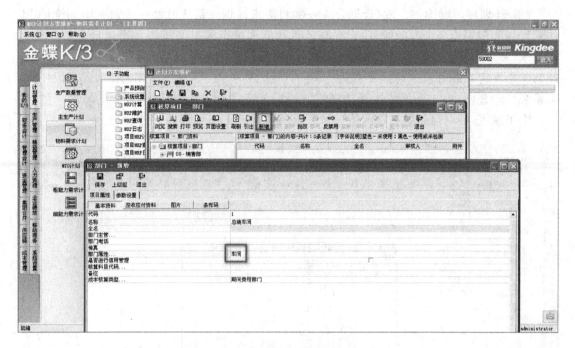

图 3-55.3 MRP 计划方案的维护(三)

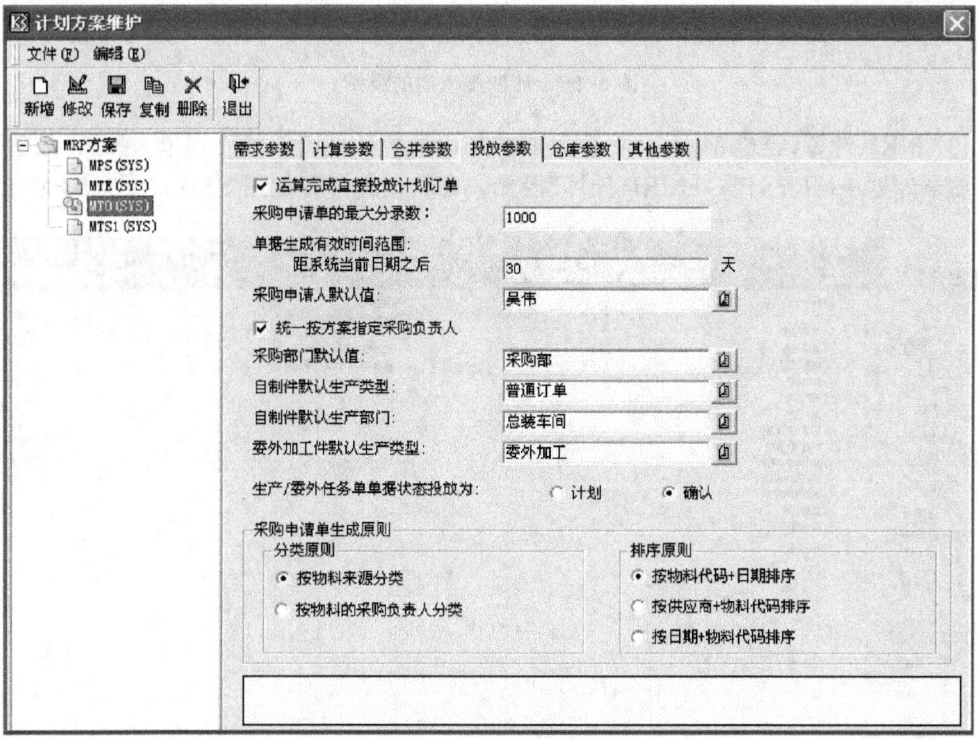

图 3-55.4 MRP 计划方案的维护(四)

(2)计划展望期维护。按"计划管理→物料需求计划→系统设置→计划展望期维护"操作。计划展望期是一个时间段,决定参与计算的需求单据的时间范围和产生计划订单的时间范围,并可用于实现对 MPS/MRP 运算结果直观灵活的汇总显示及销售订单与产品预测间的关系界定。此处录入时区个数为 5,各时区天数为 30 天,如图 3-56 所示。时段序列:由系统自动显示,由 1 开始依次递增;时区个数:代表每一时间序列中包含的时区个数,由用户手工录入;各时区天数:表示每一时区内所包含的工作天数,由用户手工录入。

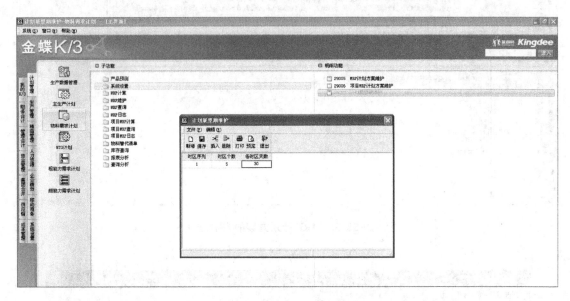

图 3-56　计划展望期的维护

(3) MRP 计算,经过 MRP 计算会生成采购申请单和生产任务计划单。按"计划管理→物料需求计划→MRP 计算→MRP 计算"操作,MRP 计算过程如图 3-57.1～3-63 所示。

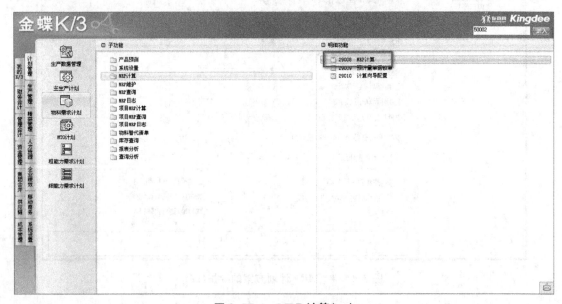

图 3-57.1　MRP 计算(一)

第 3 章　ERP 实践训练

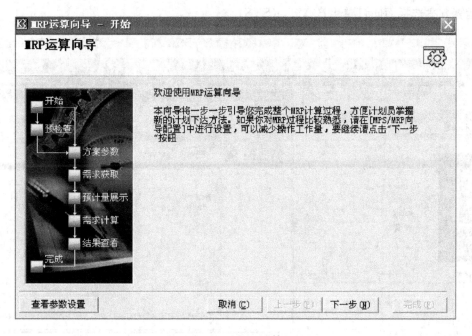

图 3-57.2　MRP 计算(二)

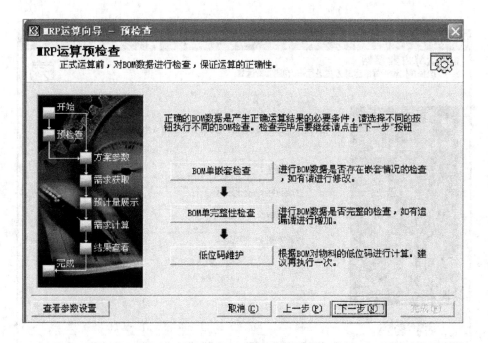

图 3-57.3　MRP 计算(三)

运算方案选择面向订单生产 MTO(SYS)。

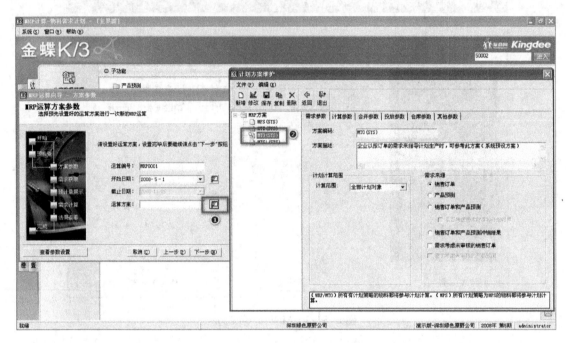

图 3-58 MRP 计算(四)——选择运算方案

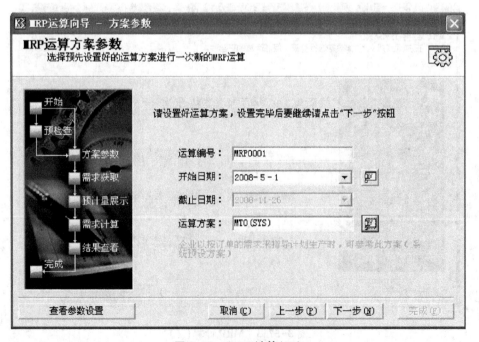

图 3-59 MRP 计算(五)

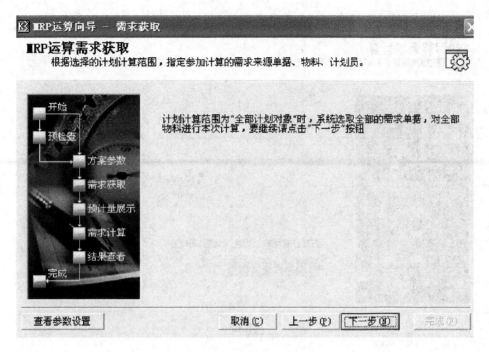

图 3-60 MRP 计算(六)

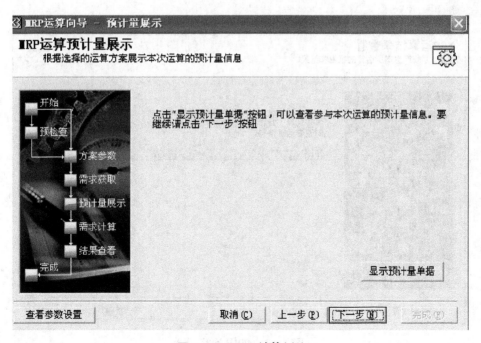

图 3-61 MRP 计算(七)

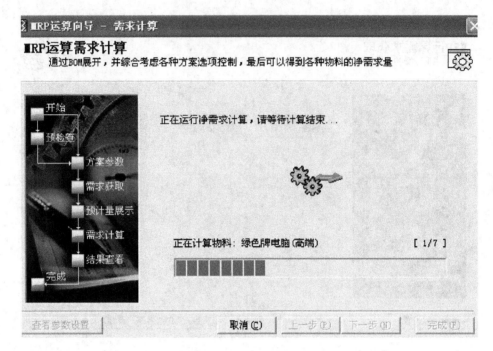

图 3-62 MRP 计算(八)

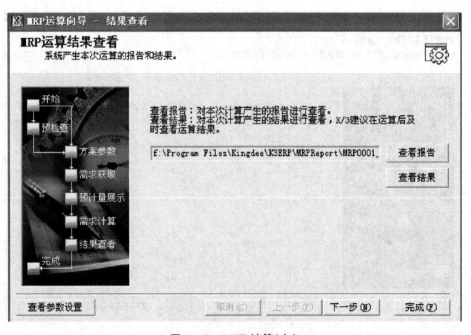

图 3-63 MRP 计算(九)

（4）MRP 计划订单查询。按"计划管理→物料需求计划→MRP 维护→MRP 维护计划订单"操作，如图 3-64 所示。在 MRP 计划订单条件过滤窗中的单据状态中勾选"关闭"，否则查询不到计算结果，如图 3-65 所示。

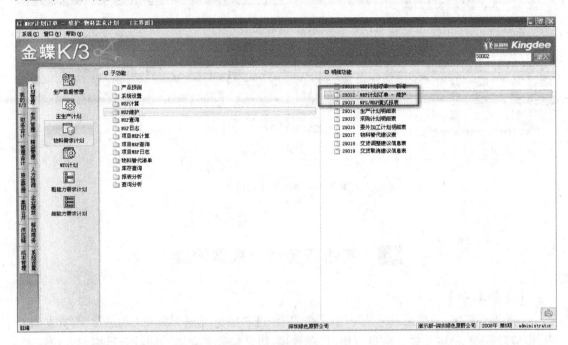

图 3-64　MRP 计划订单维护

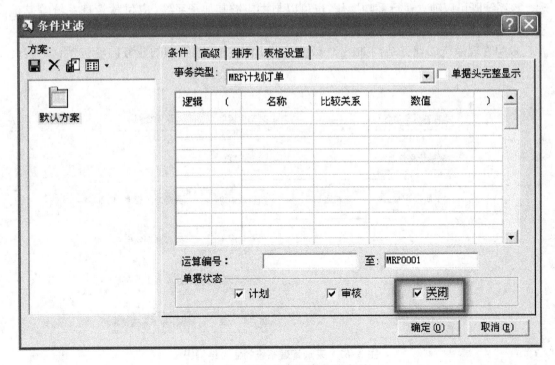

图 3-65　MRP 计划订单查询条件

单击"确定"后，结果如图3-66所示。

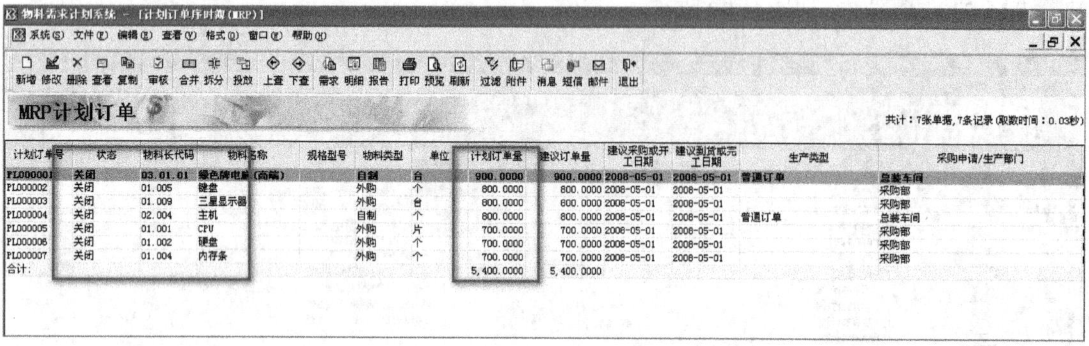

图 3-66　MRP 计划订单

6　实验任务六　采购管理

【实验知识】

采购管理系统，是指通过采购申请、采购订货、进料检验、仓库收料、采购退货、购货发票处理、供应商管理、价格及供货信息管理、订单管理、质量检验管理等功能综合运用的管理系统，对采购物流和资金流的全过程进行有效的双向控制和跟踪，实现完善的企业物资供应信息管理。该系统既可以独立执行采购操作，也可以与供应链其他子系统、应付款管理系统等其他系统结合运用，并且能提供更完整、全面的企业物流业务流程管理和财务管理信息。

采购管理系统的业务结构如图3-67所示。ERP中采购管理的业务内容包括：(1)接受

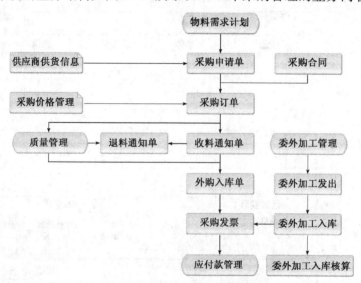

图 3-67　采购管理系统的业务结构图

物料需求或采购指示。(2)选择供应商。供应商管理主要包括三方面内容：供应商信息、供应商评价和供应商选择。(3)下达订单。(4)订单跟踪。订单跟踪指通过 ERP 系统可以随时查看已下达的采购订单到达的位置和被供应商处理的状态。(5)验收货物。所采购的物料到达送交地点时采取的验收作业和对验收结果的处理措施。

【实验目的】

理解采购管理的业务流程，掌握采购物料相关操作。理解采购过程中具体业务与财务会计之间的联系，掌握发票"钩稽"的方法。

【实验任务】

采购员依据 MRP 发放的采购申请单与供应商"上海电线电缆厂"签订采购合同，合同内容与采购计划中相同，CPU 单价：200 元；硬盘单价：300 元；内存条单价：200 元；键盘单价：30 元；三星显示器单价：600 元。均于 2008 年 5 月 2 日到货，随货附发票。2008 年 5 月 2 日库管员陈鱼收到"上海电线电缆厂"运来 700 片 CPU、700 个硬盘、700 个内存条、800 个键盘、800 台三星显示器。陈鱼核对验收入库到原材料仓。单据传递到财务部门生成付款单。

【实验内容】

(1) 采购申请单查询。经过 MRP 计算，系统已经自动生成一张审核过的采购申请单。按"供应链→采购管理→采购申请→维护"操作，如图 3-68.1、3-68.2 所示。

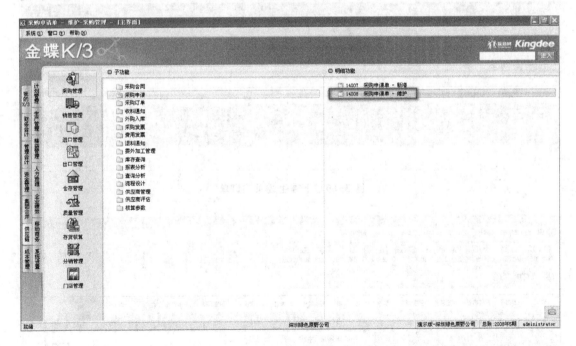

图 3-68.1　采购申请维护

(2) 生成采购订单。系统自动生成 1 张采购申请单，是"主机"和"绿色牌电脑(高端)"的原材料采购申请单，如图 3-69 所示；按住 shift 键，全选所有记录，在菜单栏"下推"选项中选择"生成采购订单"，单击生成，如图 3-70 所示。

ERP 应用实训教程——金蝶 K/3 版

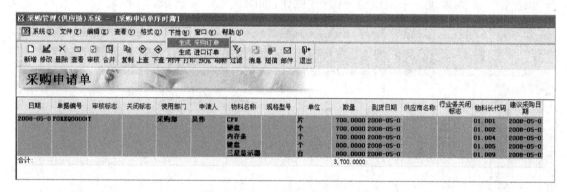

图 3-68.2　采购申请单

图 3-69　下推生成采购订单

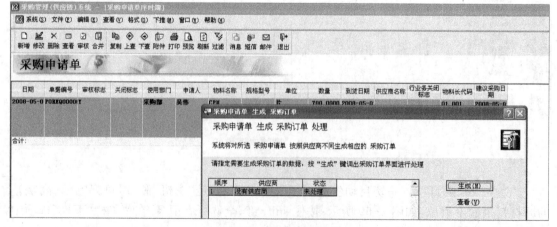

图 3-70　生成采购订单

（3）生成如下采购订单，根据实验任务填入供应商、货品价格、部门、业务员信息，保存，并且审核。如图 3-71 所示。

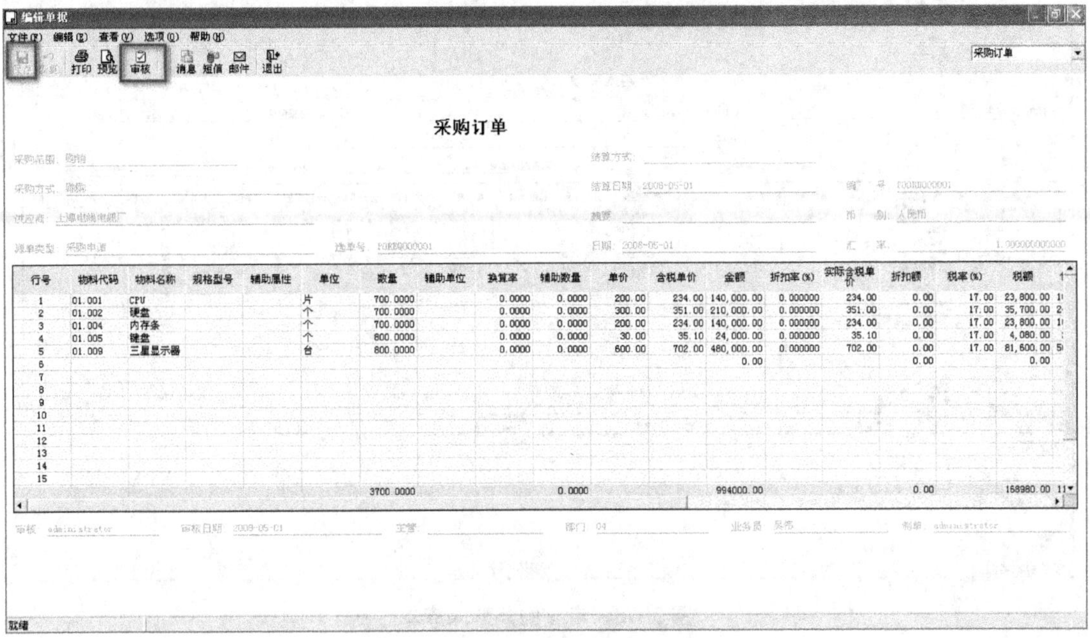

图 3-71　填入采购订单详细信息

（4）外购入库单录入。按"供应链→采购管理→外购入库→外购入库单→新增"操作。在"源单类型"选择"采购订单"。"选单号"处按"F7"，选择第（3）步完成审核的采购订单，如图 3-72 所示，按住 shift 键全选采购订单的多行数据后回车。

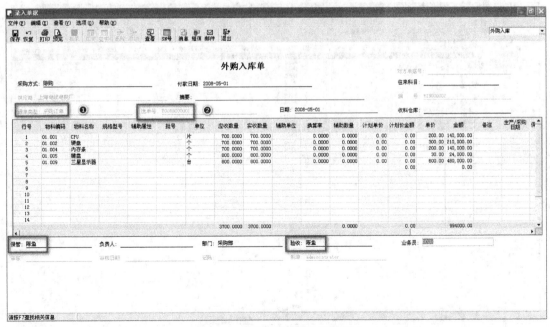

图 3-72　需要采购的原材料列表

回车后,再填入收料仓库、保管、验收等信息,保存并审核,如图 3-73 所示。

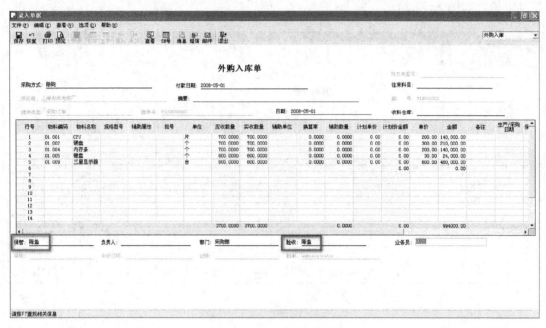

图 3-73 审核的外购入库单

至此,我们学习到两种生成单据的方法,一种是采取"下推"的方式,另一种是选择"源单类型",根据源单类型生成相应单据。这两种方法还会在下面的操作中继续用到。

(5) 查看库存信息。按"供应链→仓存管理→库存查询→即时库存查询"操作,或按 F12 键。此时,可看到采购入库的原材料信息,如图 3-74 所示。

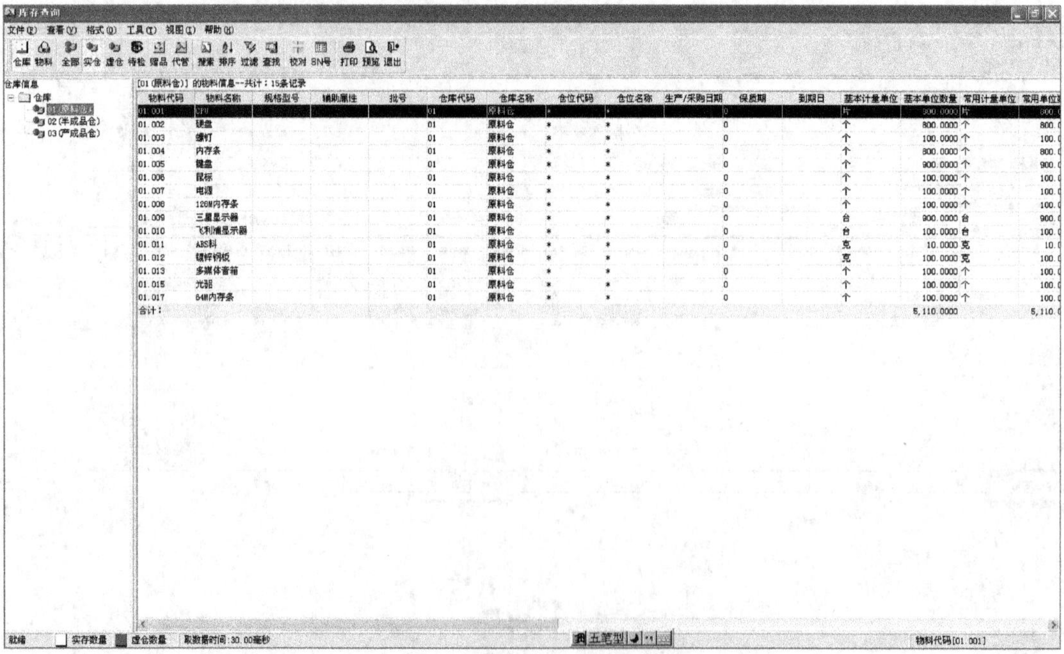

图 3-74 库存中外购入库的原材料

(6) 采购发票录入。按"供应链→采购管理→外购入库→外购入库单→维护"操作,选中步骤(5)中的外购入库单,下推生成购货发票(专用),如图 3-75 所示。

增值税发票的全称为"增值税专用发票",基本税率是 17%。为何"专用"？因为并不是每个企业都有资格使用这种发票,只有一般纳税人才有资格,而且一般纳税人也不是什么场合都能够使用,只有在特定的场合才能使用,例如直接销售给普通消费者使用的商品就不能够开具增值税专用发票。在新增购货发票(专用)中的往来科目,选择"应付账款"。保存发票,并审核,如图 3-76 所示。

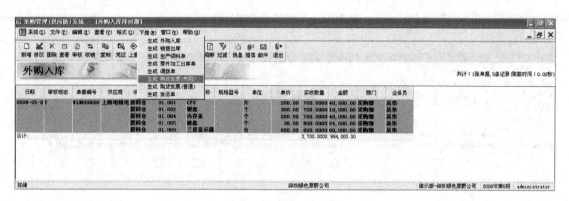

图 3-75　生成购货发票

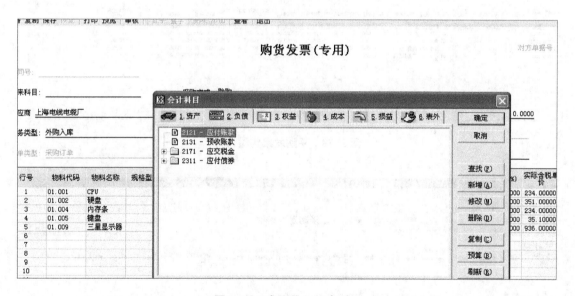

图 3-76　发票录入往来科目

(7) 采购发票钩稽。按"供应链→采购管理→采购发票→维护"操作。在企业的采购业务开展过程中,并不是 1 张发票严格地对应 1 张入库单,经常可能是一笔采购业务,企业分多次收货入库,而供应商汇总开出 1 张发票,为了正确核算出每一次采购的成本,需要将每次的采购发票和外购入库单进行钩对。按 Shift 全选发票的行记录操作,然后单击"钩稽",如图 3-77 所示,出现采购发票与入库单核对信息,如图 3-78 所示,无误后,再点击"钩稽",钩稽成功后,如图 3-79 所示。

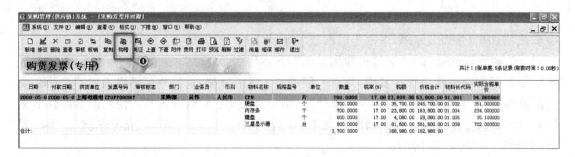

图 3-77 采购发票钩稽(一)

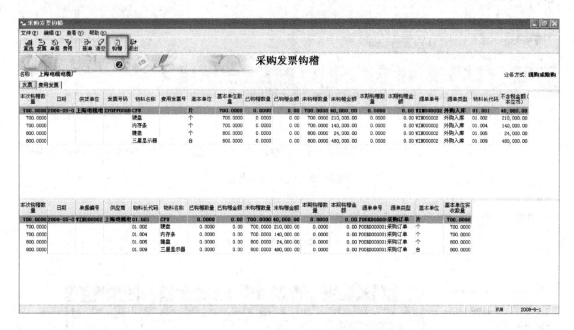

图 3-78 采购发票钩稽(二)

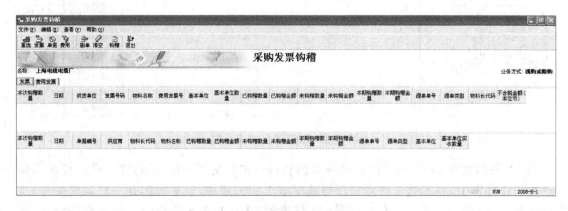

图 3-79 采购发票钩稽(三)

(8) 采购付款。按"财务会计→应付款管理→付款→付款单新增"操作,如图 3-80 所示。源单类型选择"采购发票",如图 3-81 所示。

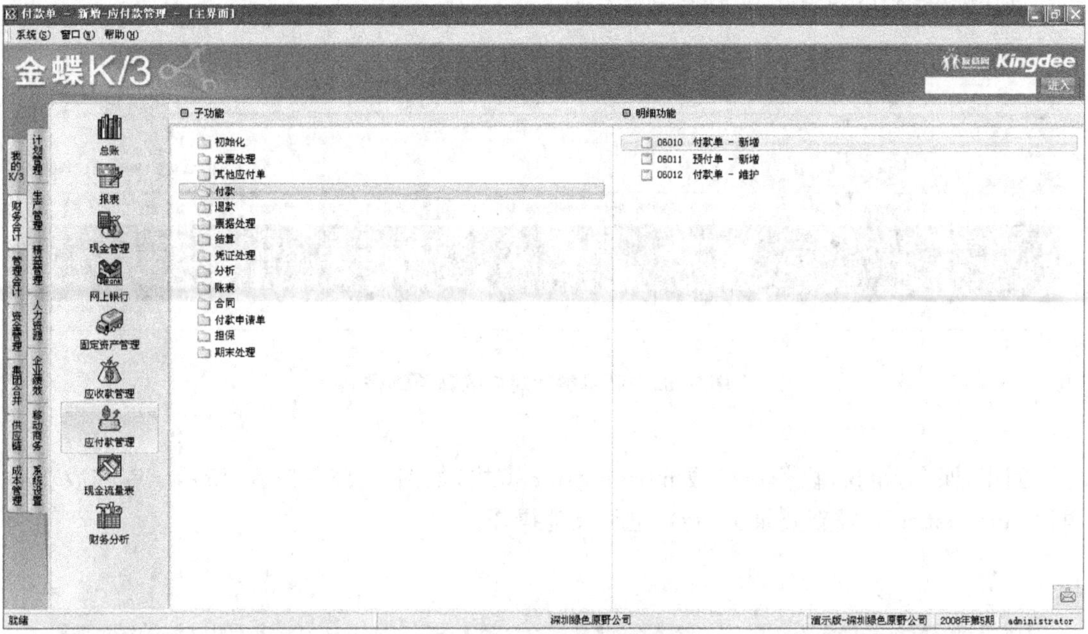

图 3-80　付款单新增

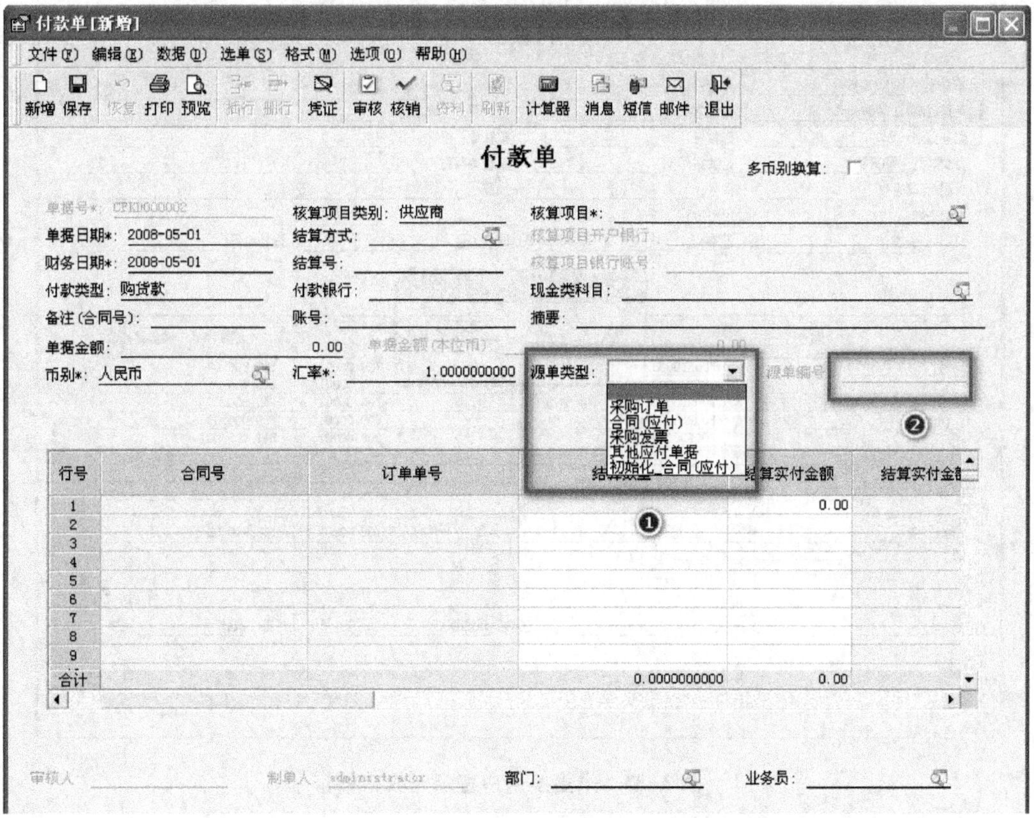

图 3-81　生成付款单选择源单类型

选择源单编号,如图 3-82 所示。

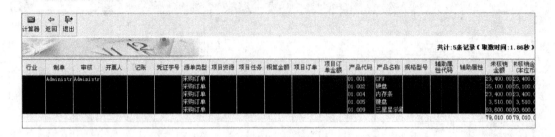

图 3-82 源单类型对应的源单编号

回车,保存,审核(操作员换成 morningstar 审核)如图 3-83～3-86 所示。审核成功后再以 administrator 重新登录主控台,进行其他操作。

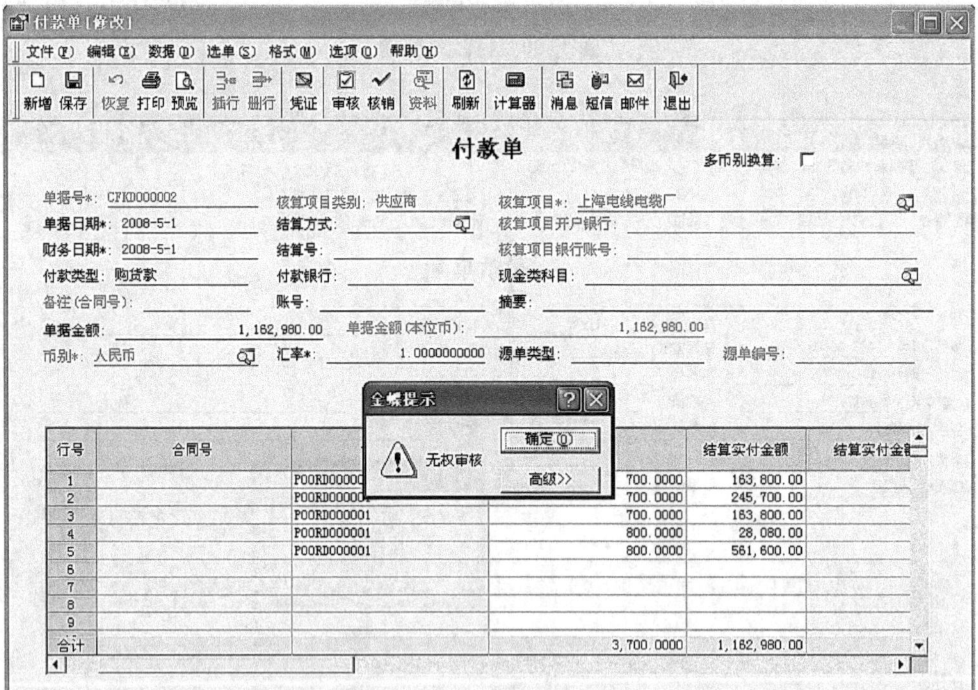

图 3-83 未更换用户提示无权审核

图 3-84　更换操作员 morningstar

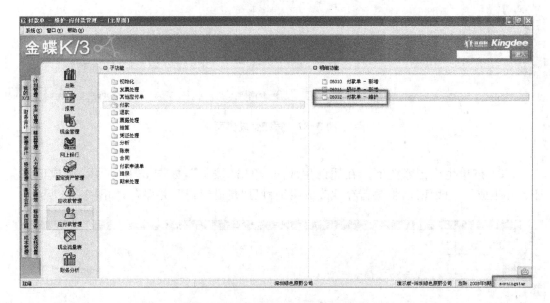

图 3-85　以 morningstar 查看付款单

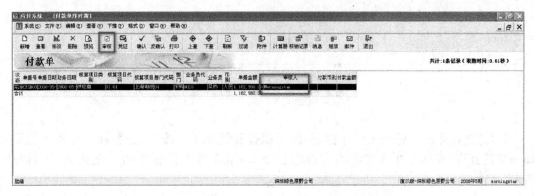

图 3-86　以 morningstar 进行单据审核

(9) 付款凭证生成。按"财务会计→应付款管理→凭证处理→凭证生成"操作,如图3-87所示。点击进入,可以看到系统已经自动生成了1张购货款记录。

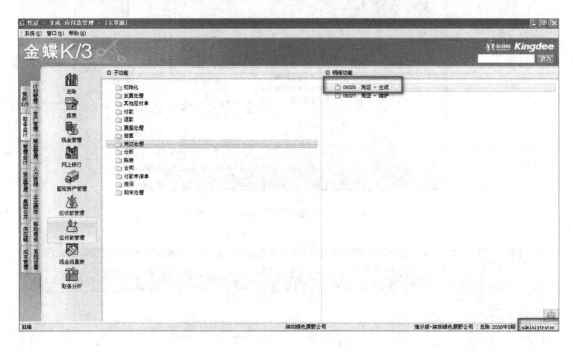

图 3-87　凭证生成界面

(10) 按单生成记账凭证。在凭证生成里,单击"按单",如图3-88所示,生成记账凭证。在生成的记账凭证,将银行存款改成明细科目"建设银行",并保存,如图3-89所示。

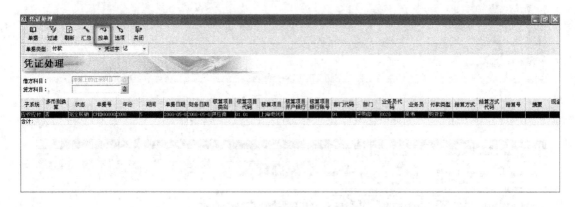

图 3-88　付款单按单生成凭证

(11) 查看凭证。凭证按单保存后,就可以查看凭证了。按"财务会计→总账→凭证处理→凭证查询"操作。在这里我们可以看到2008年5月1日制作的1张凭证,如图3-90所示。

第 3 章 ERP 实践训练

图 3-89 修改记账凭证科目信息

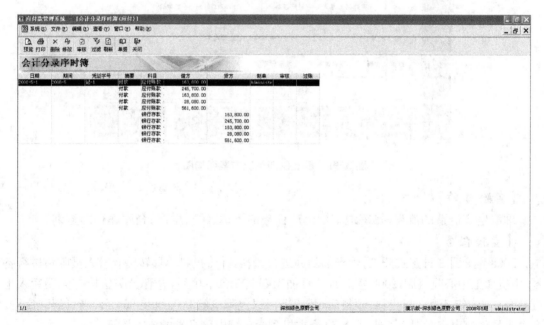

图 3-90 记账凭证查询(付款)

7 实验任务七 生产制造

【实验知识】

生产任务管理系统是在 K/3 财务系统、物流管理、生产管理其他各子系统的基础上,采

• 91 •

用 ERP 的先进制造管理思想,同时吸收 JIT、精益生产的管理思想,为工业企业提供针对制造有关的生产任务单从生产计划、投料与领料、生产检验与汇报、到产品入库、任务单结案全过程监督与控制,协助企业有效掌握各项制造活动信息,管理生产进度,提高生产效率、减少车间在制品、降低损耗与成本、提高产品质量与客户满意度。

工厂中任何一项生产活动,都应该由生产管理部门发出一张"生产任务单"作为生产部门生产的依据。"生产任务单"上所记载的信息除包括产品名称、生产数量、预计开工日期、完工日期外,还应该说明所要使用的物料清单与工艺路线等信息。"生产任务单"在不同的工厂所使用的名称可能不同,如"工单""制造通知单""生产命令"等等,但其意义及作用则大同小异。

敏捷制造解决方案架构图如图 3-91 所示。

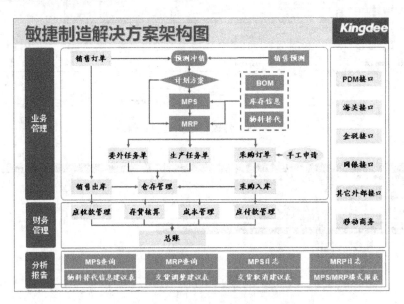

图 3-91　敏捷制造解决方案架构图

【实验目的】

理解生产制造的流程,熟练地掌握生产任务的下达、领料生产、仓库库存的查询。

【实验任务】

2008 年 5 月 3 日正式开工,生产部刘铮进行投料,并将投料单移转给仓管人员陈鱼进行备料;主机加工中心收料后,2008 年 5 月 3 日加工好 800 台主机后,仓管员陈鱼检查无误后入半成品仓;2008 年 5 月 3 日投料、领料后,开始进行绿色牌电脑高端组装 900 台,当日组装完毕,仓管人员陈鱼审查无误入产成品仓,进行主机和绿色牌电脑高端的成本核算。

【实验内容】

(1) 查看生产任务单。经过 MRP 计算,系统已经自动生成生产任务单。接着按"生产管理→生产任务管理→生产任务→生产任务单查询"进行操作,如图 3-92.1、3-92.2 所示。

(2) "主机"生产任务下达。点开主机生产任务单,确认,并且下达,如图 3-93 所示。

(3) 生成"主机"生产领料单。在生产任务单中,选中"主机",下推,生成"生产领料单",如图 3-94 所示。单击"生成",生成"主机"生产领料单。

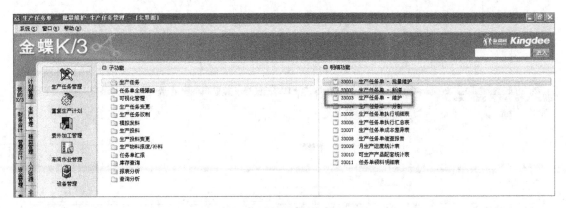

图 3-92.1　生产任务单维护界面

图 3-92.2　生产任务单

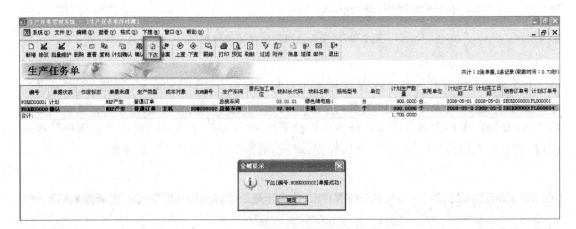

图 3-93　主机生产任务下达

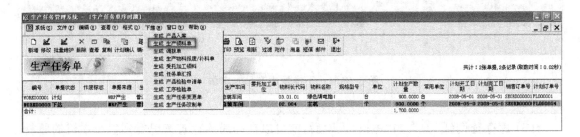

图 3-94　下推生成"主机"生产领料单

(4) 在生成的领料单中填入"发料仓库""实发数量"(按照 MTO 计划方案,这里实发数量等于申请数量)、领料等信息,然后保存,审核,如图 3-95 所示。

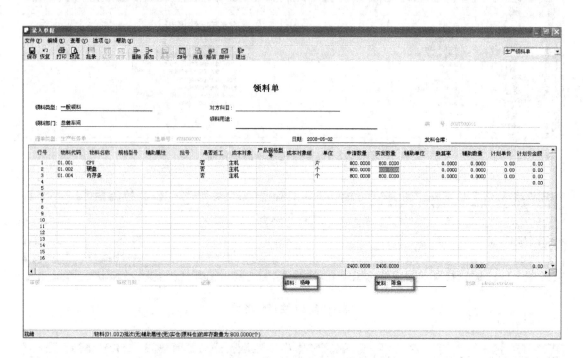

图 3-95　录入生产领料单详细信息

(5) 半成品"主机"入库。这里将具体的工艺流程简化,当车间领料后就默认产品已经生产出来了(后面的操作也同样处理)。现在,再将"主机"入半成品仓,为下一步生产"绿色牌电脑(高端)"做好准备。在生产任务单维护下选中"主机",下推,生成"产品入库单",单击生成,收货仓库选择"半成品仓",然后保存,审核,如图 3-96.1、3-96.2 所示。

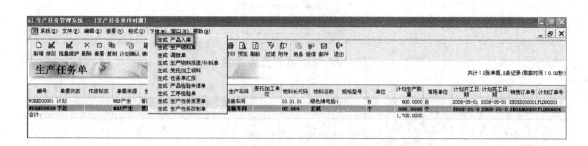

图 3-96.1　下推生成产品入库单

(6) 库存查询(F12)。当"主机"入库后,就可以在即时库存查询里看到生产主机的原材料已经被消耗掉,库存为 0,而半成品仓中多了 800 个"主机",如图 3-97 所示。

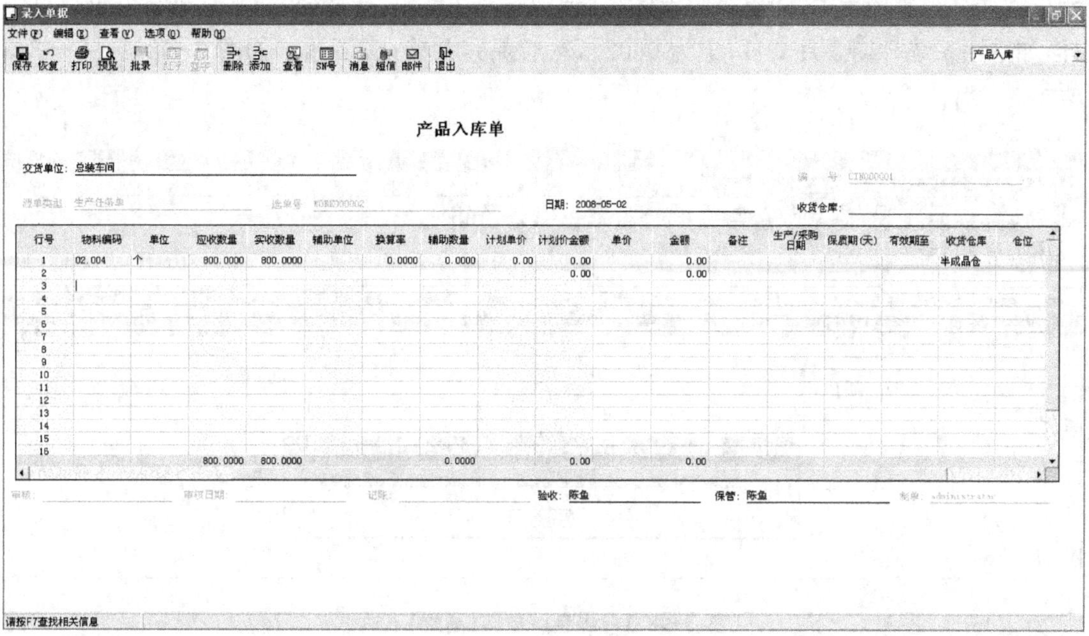

图 3-96.2　主机入库单

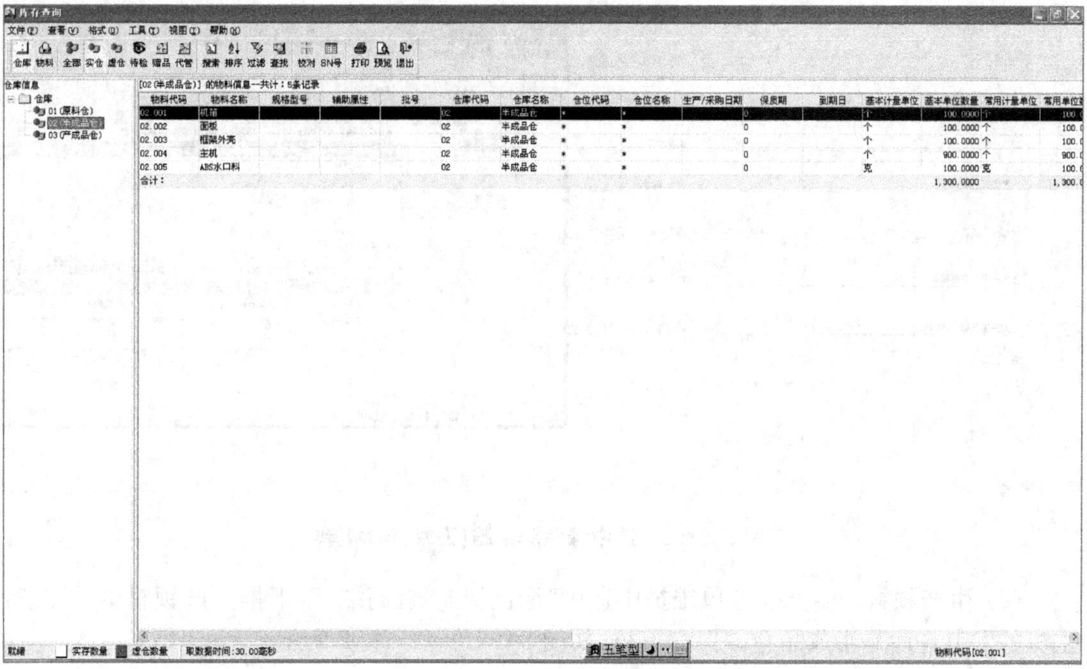

图 3-97　库存(主机)查询

(7)"绿色牌电脑(高端)"生产任务下达。在主机生产完成后,才可以生产电脑。同样,在生产任务单维护中点开"绿色牌电脑(高端)"生产任务单,注意填写"产品批号"(可自己设计,如采用系统日期5月2日,记为0502),然后保存并确认,下达。如图3-98.1~3-98.3所示。

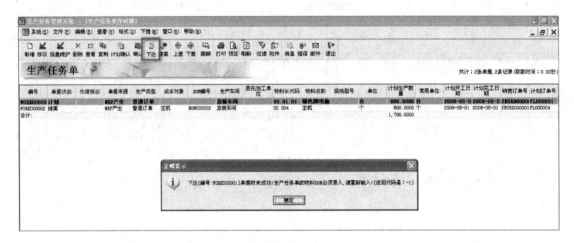

图3-98.1 绿色牌电脑(高端)下达

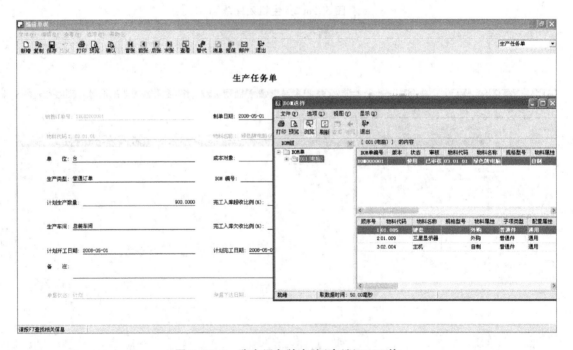

图3-98.2 选中绿色牌电脑(高端)BOM单

(8)生产领料。生产任务单维护中选中"绿色牌电脑(高端)",下推生产领料单。注意:主机的发料仓库是半成品仓。保存审核,如图3-99.1、3-99.2所示。

(9)绿色牌电脑(高端)产品入库。生产任务单维护下,选中绿色牌电脑(高端),下推生成产品入库,收货仓库。保存,审核,如图3-100所示。

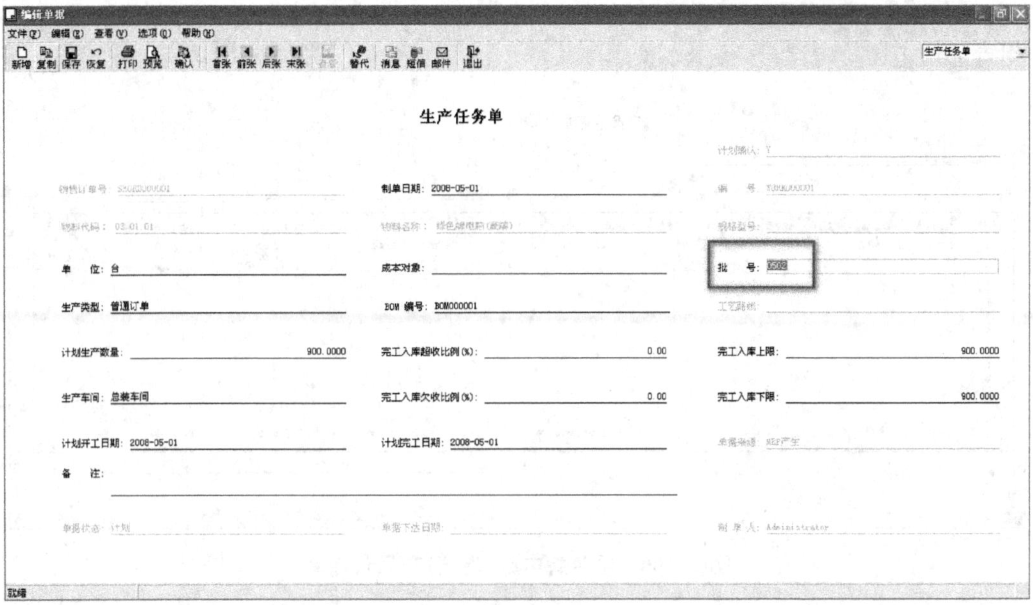

第 3 章 ERP 实践训练

图 3-98.3 填写绿色牌电脑(高端)生产任务单的批号

图 3-99.1 下推生产领料单

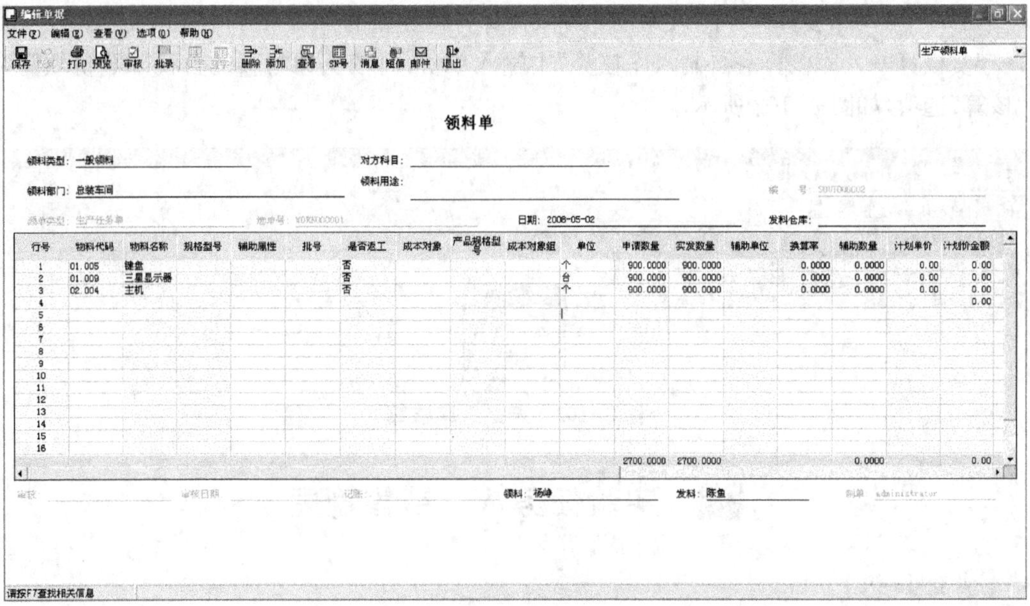

图 3-99.2 绿色牌电脑(高端)生产领料单

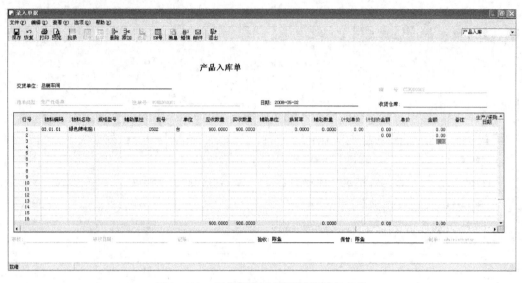

图 3-100 绿色牌电脑(高端)产品入库单

(10) 库存查询(F12)。绿色牌电脑(高端)生产出来后就可以到即时库存中查询相关信息了,还可以查看到原料仓中 CPU、内存条、键盘、硬盘、三星显示器和半成品仓中的主机数量为 0。成品仓中多了生产出来的绿色牌电脑(高端)900 台,如图 3-101 所示。

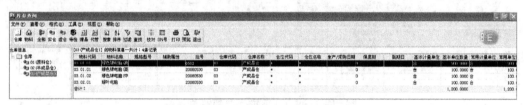

图 3-101 绿色牌电脑(高端)库存查询

(11) 产品入库核算。产品入库核算可以核算各种类型的存货入库的实际成本。在"供应链→存货核算→入库核算→自制入库核算"中输入单价,可依据原材料的含税采购价填写,点击"核算"选项,如图 3-102 所示。

图 3-102 产品入库核算

8 实验任务八 销售管理

【实验知识】

销售出库代表销售实际履行义务的开始。销售出库单是销售出库业务的主要凭据,按业务类型可以分为普通销售出库、委托销售出库、分期收款出库,每种出库业务又涉及蓝、红字销售出库单。

销售部门在每次发货时,不仅要填写销售出库单,还要开出相应的销售发票。销售发票通常也称为收款收据,是企业发货给客户时,向客户开具的一种出货证明。票面的内容包括向客户提供产品或服务的名称、单价、数量、税额、质量等信息。销售发票复核后通知财务部门核算应收账款,制单生成应收款的相关凭证并传递给总账系统。

【实验目的】

理解销售管理的业务流程,掌握销售出库单的制作及对应发票的钩稽操作。了解销售管理系统和采购系统、生产系统、财务系统之间的内在联系。

【实验任务】

产成品销售与应收:2008 年 5 月 4 日给美国 WEB 实验室发货。要求库管员备货,同时通知财务依据销货合同开具销货发票。仓管员陈鱼根据 2008 年 4 月 28 日的销货合同,从产成品仓出货,出库单及发票随货发出交给客户。财务应收人员依据收到的出库单核对发票底单,登记应收账款。

【实验内容】

(1) 销售出库单录入。产品生产完后就可以根据销单出货,其操作是按"供应链→销售管理→销售出库单→新增"进行的,如图 3-103 所示。

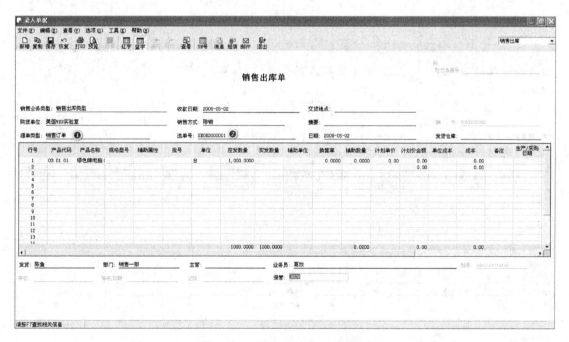

图 3-103 销售出库单选择源类型

选择按销售订单出货,依据库存信息填好两张销售出库单的相关信息,保存,审核,如图 3-104.1、3-104.2 所示。这里要注意,要根据库存中绿色牌电脑(高端)的批号进行出库,否则库存出现负数。

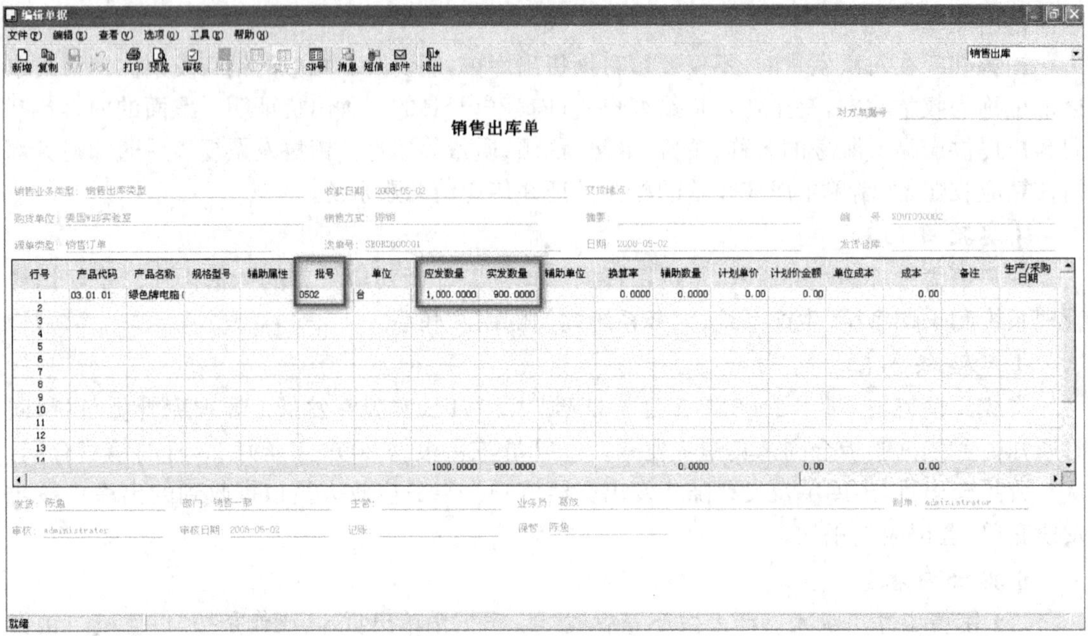

图 3-104.1 销售出库(一)

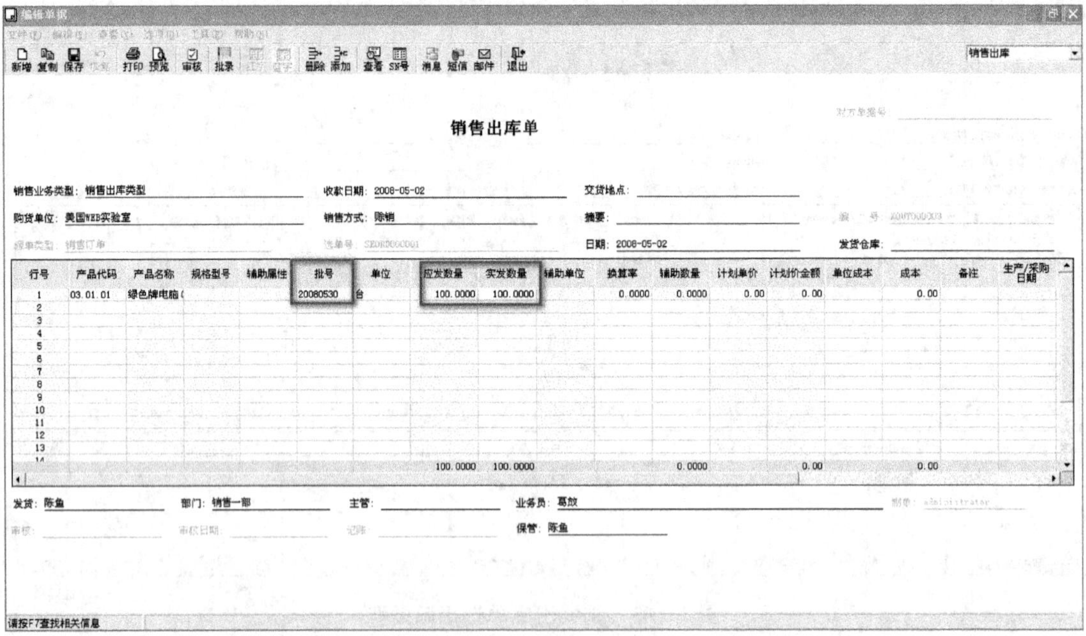

图 3-104.2 销售出库(二)

(2) 生成销售发票。按"供应链→销售管理→销售发票→新增"操作。源单类型选择

"销售出库单",选单号选择步骤(1)中的两张销售出库单,如图 3-105 所示。

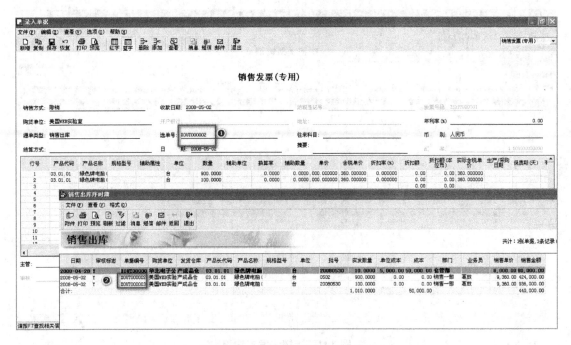

图 3-105 销售发票选择产品信息

往来科目选择"应收账款",保存,审核,如图 3-106 所示。

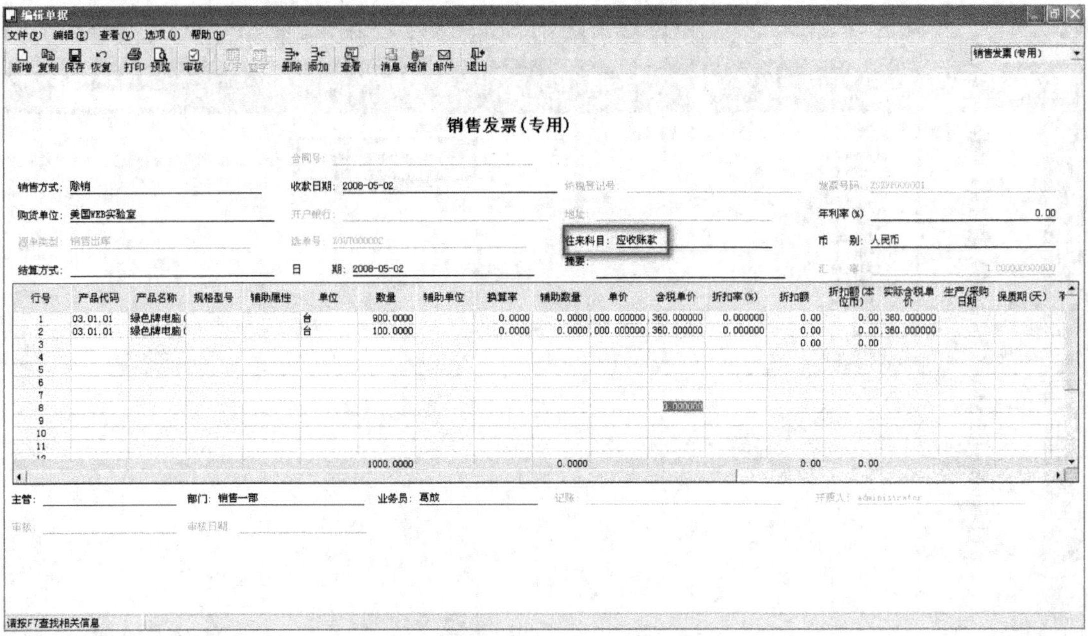

图 3-106 销售发票选择往来科目

(3)销售发票钩稽。按"供应链→销售管理→销售发票→维护"进行操作,单击"钩稽",

如图3-107所示,销售发票与出库单信息核对无误后,再点击工具栏上的"钩稽",而后退出。

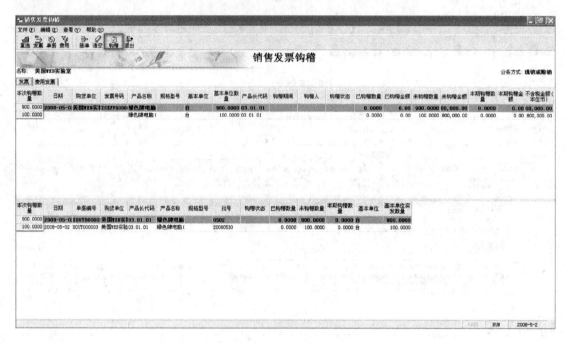

图3-107 销售发票钩稽

(4)收款管理。按"财务会计→应收款管理→收款→收款单新增"操作。源单类型选择销售发票,源单编号选择已钩稽的销售发票,如图3-108.1、3-108.2所示。

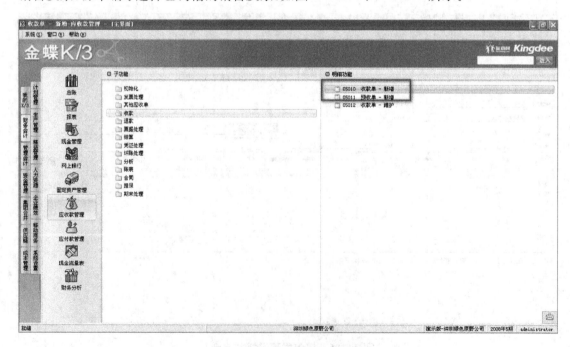

图3-108.1 收款单新增界面

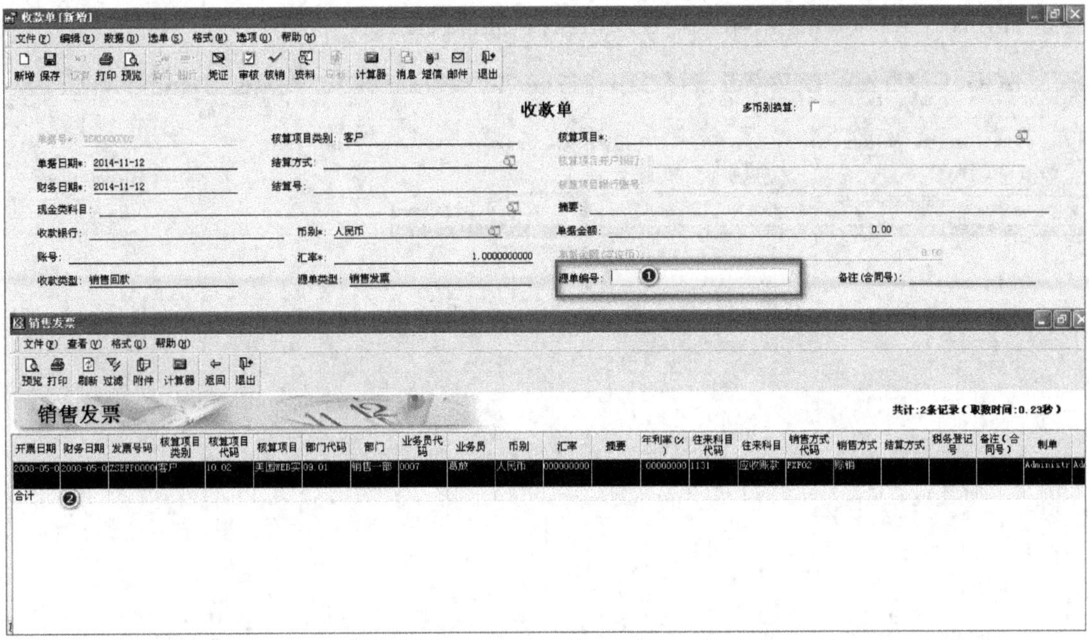

图 3-108.2　收款单选择源单类型

保存,如图 3-109 所示。

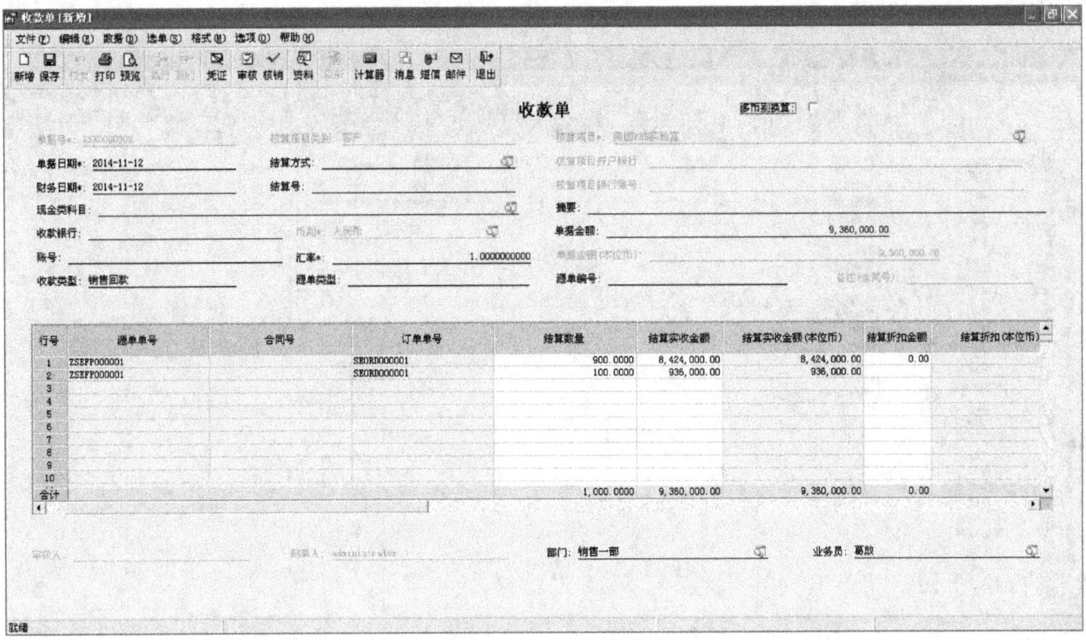

图 3-109　保存后的收款单

更换系统操作员为 morningstar，在收款单维护下对收款单进行审核，如图 3-110 所示。审核成功后再以 administrator 重新登录主控台，进行其他操作。

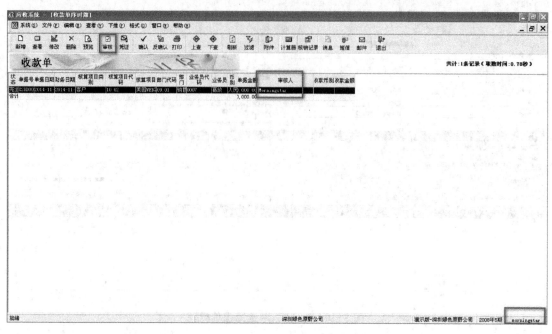

图 3-110 收款单审核

（5）凭证生成。按"财务会计→应收款管理→凭证处理→凭证生成"操作。如图 3-111 所示。

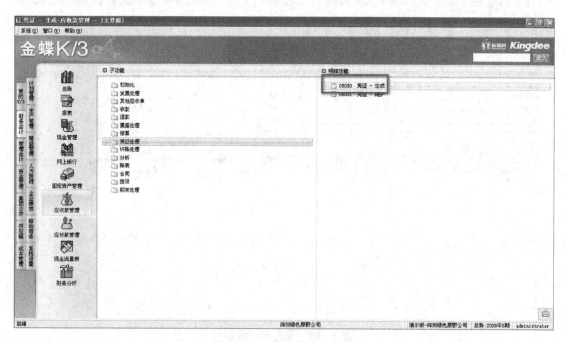

图 3-111 收款单生成凭证

（6）凭证按单。单击工具栏上的"按单"，生成记账凭证。将记账凭证上的银行存款改为明细科目"工商银行"。如图 3-112.1、3-112.2 所示。

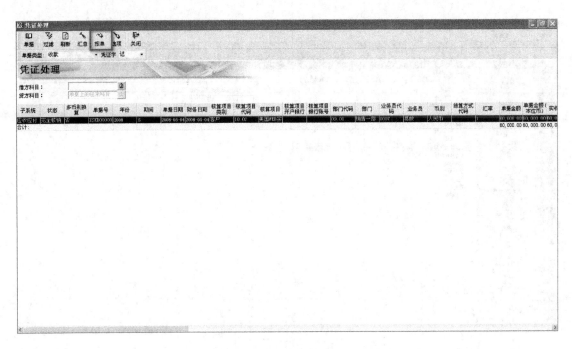

图 3-112.1　按单生成凭证

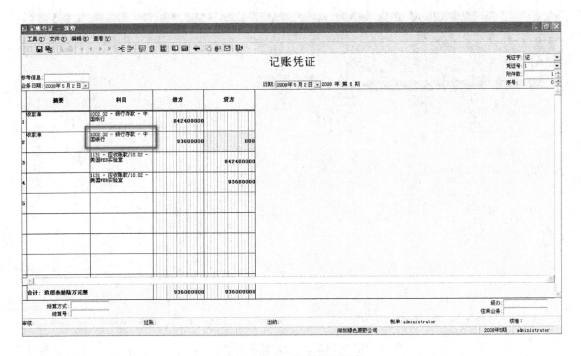

图 3-112.2　记账凭证保存

（7）凭证查询。按"财务会计→应收款管理→凭证处理→凭证查询"操作。可看到新增的收款凭证，如图 3-113.1、3-113.2 所示。

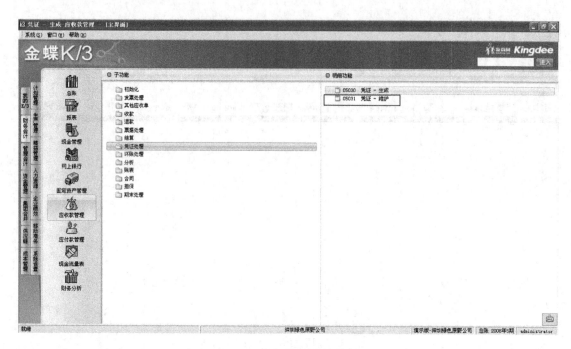

图 3-113.1　凭证查询界面

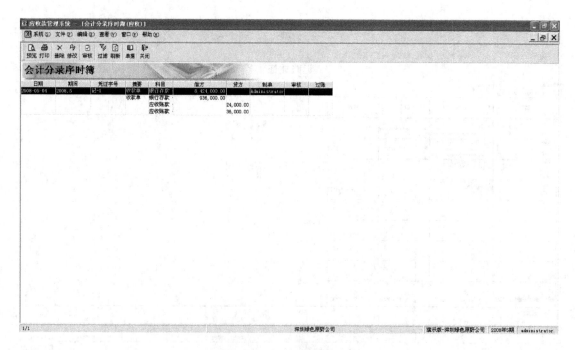

图 3-113.2　记账凭证查询

9 实验任务九 财务管理

【实验知识】

总账系统是财务会计系统中最核心的系统,以凭证处理为中心,进行账簿报表的管理。同时,还可与各个业务系统无缝联接,实现数据共享。最终企业所有的核算在总账中体现。

企业在应用 ERP 系统一段时间后,将会产生大量的日常运营数据。这些数据都是企业宝贵的信息资源,它为企业各方面了解企业当前运营状况,作出各项决策提供定量化的依据。可以说,判断一个 ERP 系统的成熟与否,很大程度上看其信息是否能满足客户的需要。金蝶 K/3 ERP 的各模块不仅为用户提供了丰富的通用的报表,而且提供了 K/3 报表子系统帮助用户快速、准确地编制各种个性化报表。K/3 报表子系统提供了数百个灵活的取数公式,满足各层次用户不同需要;而且其与 Excel 类似的操作风格,用户经过简单培训就能独立操作编制自己所需报表,降低企业培训费用。

【实验目的】

理解财务会计的流程及具体业务的流程,理解财务操作中的有关概念。理解财务会计在金蝶 K/3 ERP 系统其他功能模块中的应用。

【实验任务】

对生成的凭证进行审核过账,当期业务完成后,可进入下一个会计期间。

【实验内容】

(1) 凭证查询

按"财务会计→总账→凭证处理→凭证查询"操作,可以查看生成的付款凭证和收款凭证,如图 3-114、3-115 所示。

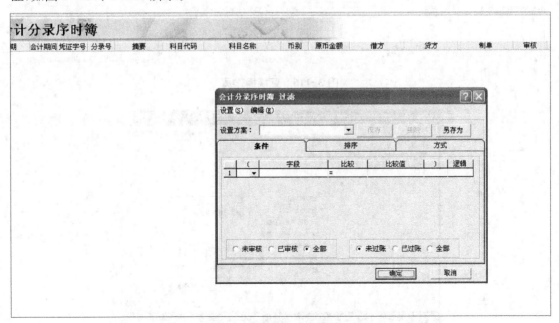

图 3-114 凭证查询条件过滤

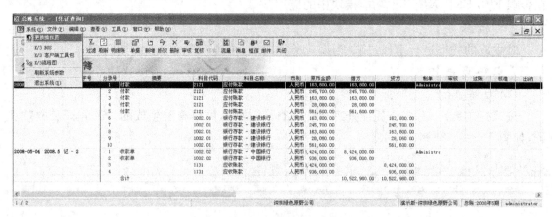

图 3-115 付款凭证和收款凭证

(2) 凭证审核

① 更换操作员。通常系统设置凭证制单和凭证审核不能为同一人,所以要先更换操作员,如图 3-116 所示。重新以 morningstar 用户登录,如图 3-117 所示。

图 3-116 更换操作员

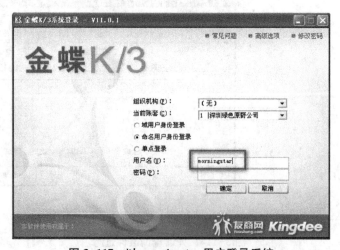

图 3-117 以 morningstar 用户登录系统

② 凭证审核。按"财务会计→应付款管理→凭证处理→凭证审核"操作,打开采购应付款,点"审核",如图3-118所示。

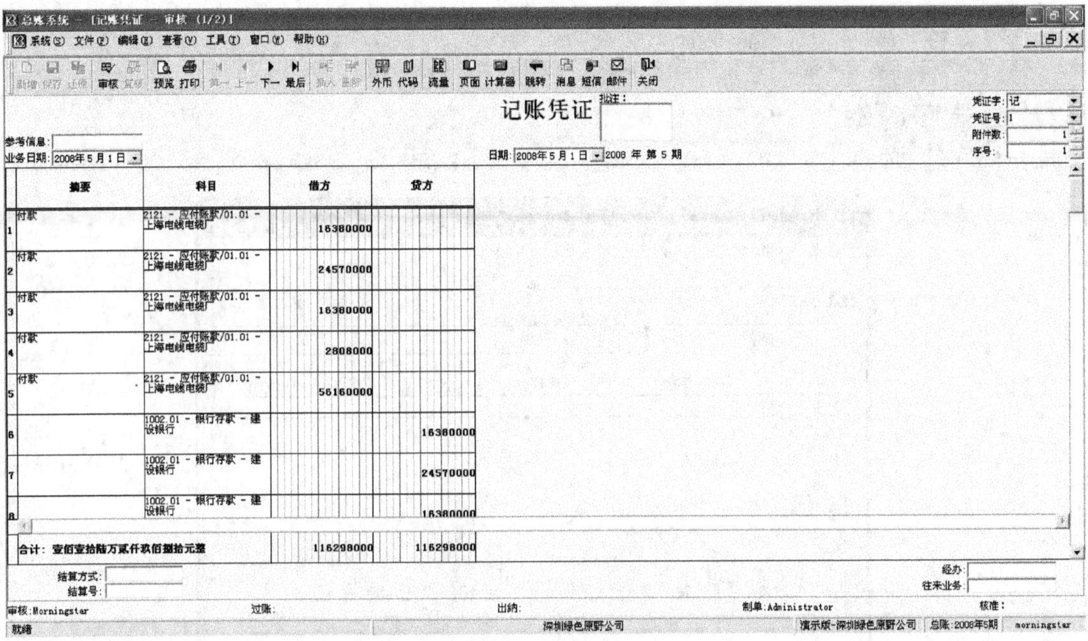

图 3-118 付款凭证审核

再按"财务会计→应收款管理→凭证处理→凭证审核"操作。打开收款凭证,点击"审核,如图3-119所示。

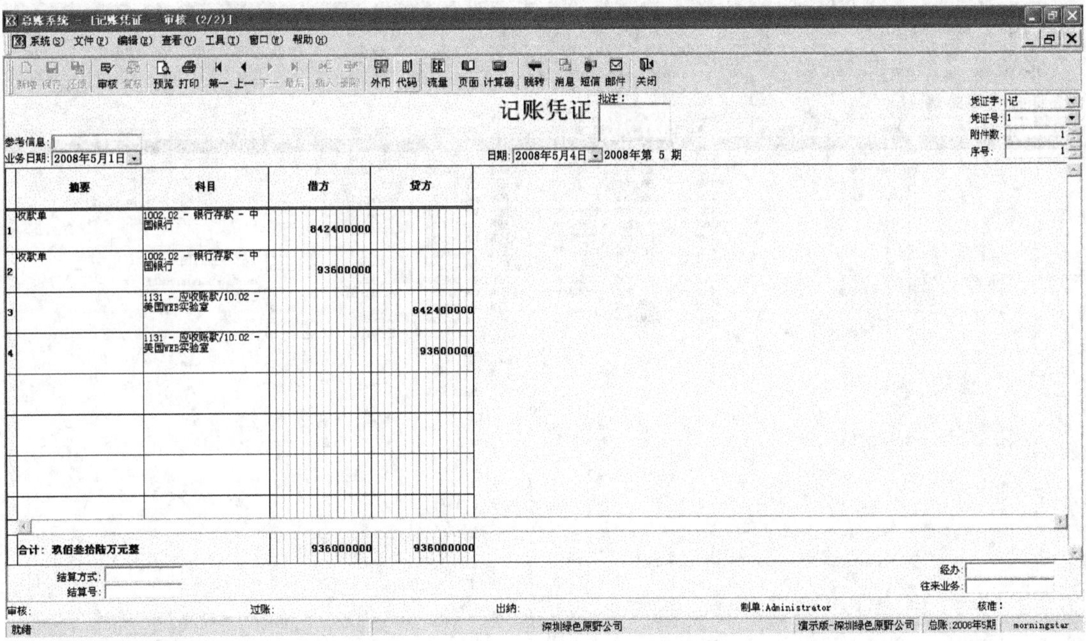

图 3-119 收款凭证审核

③ 已审核凭查询。查询过滤条件为"已审核"和"未过账",如图 3-120 所示。此时,可以看到已经审核的 2 张凭证,如图 3-121 所示。

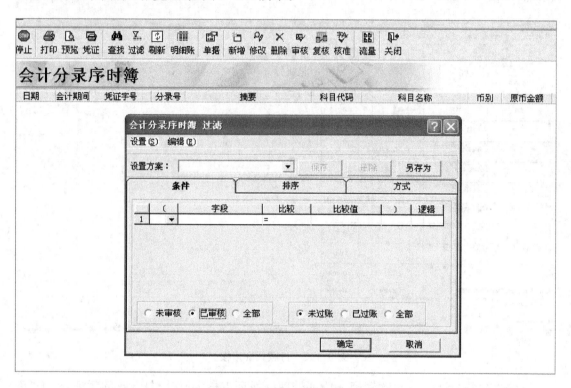

图 3-120　凭证查询过滤条件

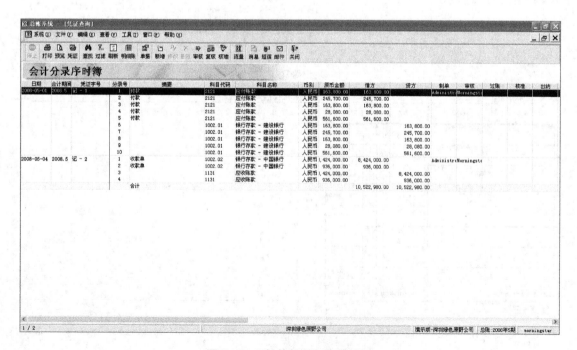

图 3-121　付款凭证和收款凭证

第 3 章　ERP 实践训练

(3) 结账

结账之前要进行总账的初始化。系统操作员更换为 administrator。按"系统设置→系统设置→总账→系统参数"操作，填写本年利润科目"3131"和利润分配科目"3141"，如图 3-122.1、3-122.2 所示。

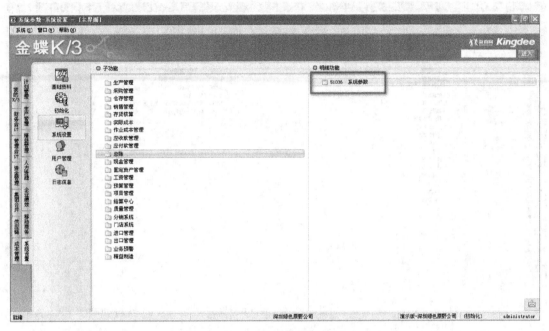

图 3-122.1　总账系统参数设置

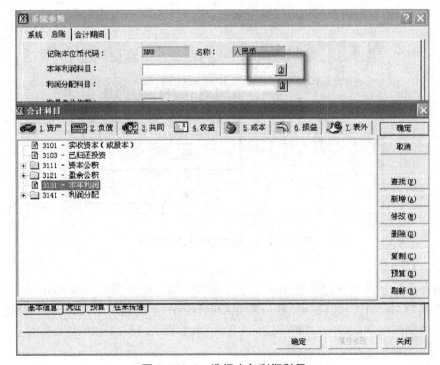

图 3-122.2　选择本年利润科目

再按"系统设置→初始化→总账"操作，点击"结束初始化"，弹出初始化对话框，点击"确定"。如图3-122.3、3-122.4所示。

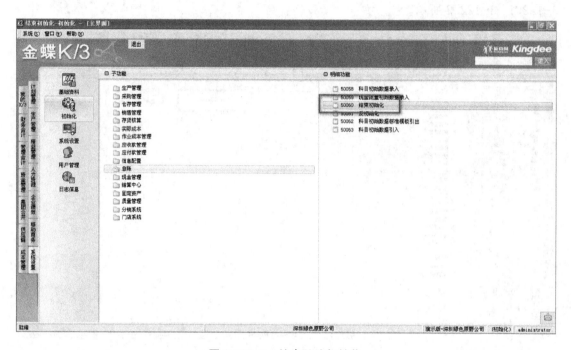

图3-122.3 结束总账初始化

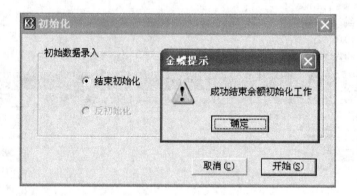

图3-122.4 成功结束总账初始化

按"财务会计→总账→凭证处理→凭证过账"操作后，点击凭证过账，如图3-123所示。完成后，再按"财务会计→总账→结账→期末结账"操作，点击期末结账，开始。结束后，可以看到，账套的期间由2008年5期转到2008年6期，如图3-124.1~3-124.3所示。

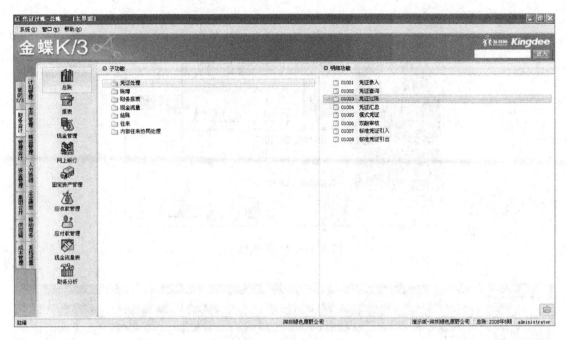

图 3-123 凭证过账

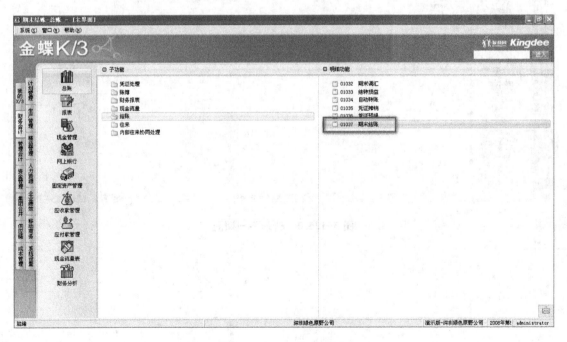

图 3-124.1 期末结账

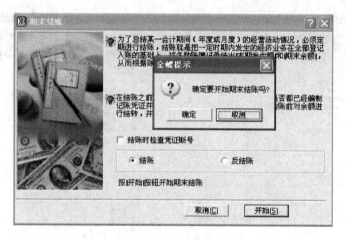

图 3-124.2 开始结账

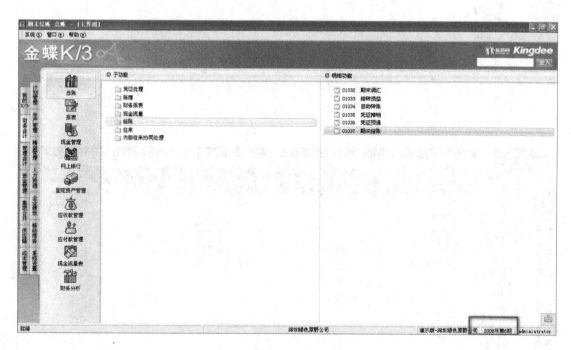

图 3-124.3 转入下一期间

附录

实务题一　财务会计/总账+报表

业务案例背景

博文有限公司是一家以生产经营电子玩具为主的工业企业,公司拟定于2014年1月1日开始正式使用ERP财务、供应链系统进行会计核算,其中往来款项选择在应收应付系统进行核算,固定资产使用固定资产系统进行核算与管理,工资采用工资系统进行处理,采购、销售及各类存货出入库业务在供应链系统中启用采购管理、销售管理、仓存管理和存货系统进行核算与管理。

该公司记账本位币为"人民币"。会计期间采用自然会计期间。凭证字为"记"。发出存货采用加权平均法进行计价。

目前,博文公司已在实施人员的协助下,根据企业实际情况完成了部分系统初始化工作。

以下所有业务操作均使用administrator登录,以morningstar进行审核单据。

考试试题

一、按以下要求进行系统资料设置

1) 建账
(1) 账套名称:博文有限公司。
(2) 账套类型:标准供应链解决方案。
(3) 账套启用年期:2014.1.1。
(4) 总账系统参数:选上"启用往来业务核销"。
(5) 本年利润科目:4103。
(6) 利润分配科目:4104。
(7) 数量单价位数:4。

2) 基础资料设置
(1) 凭证字:增加凭证字为"记"字。

(2) 币别

代码	名称	汇率	小数位数	固定汇率
RMB	人民币	1	4	否
USD	美元	6.850 0	4	否

(3) 科目：直接引入新会计制度会计科目并在其中增加以下科目。

科目代码	科目名称	外币核算	期末调汇	现金等价物	数量金额辅助核算	往来业务核算	项目辅助核算
1002.01	中国银行深圳分行_RMB						
1002.02	中国银行深圳分行_USD	是					
1122.01	应收国内客户款					是	√(客户)
1122.02	应收国外客户款_USD	是				是	√(客户)
2203.01	预收账款					是	√(客户)
6602.01	工资						√(部门)
6602.02	差旅费						√(职员)
6602.03	办公费						√(部门)

(4) 客户和供应商

客户		供应商	
代码	名称	代码	名称
001	东方机电	001	东方柴油配件公司
002	联泰	002	海南机械公司
003	菲码	003	荣发公司
004	大宇机械	004	大展
005	凯加	005	消遣科技

(5) 部门：采购部、销售部、财务部、行政管理部。

(6) 职员：赵彩(采购部)、李肖(销售部)、张宏(财务部)。

(7) 总账录入系统初始化数据。

科目名称	借方余额（折合本位币）	科目名称	贷方余额（折合本位币）
现金	6 500	应付工资	185 000
银行存款——中国银行深圳分行_RMB 　　　　——中国银行深圳分行_USD 　　　　　　（原币：36 496.35）	1 000 000 250 000	预收账款 （客户：大宇机械　业务日期：2013-10-15 业务编号：DYJX071015）	200 000
应收账款——应收国内客户款 （客户：东方机电　业务日期：2013-02-05 业务编号：DFDJ070205）	960 000	应交税金——未交增值税	202 000
应收账款——应收国外客户款_USD （客户：菲码　原币余额：95 108.48 业务日期：2013-05)08　业务编号：FM070506）	651 500		
库存商品	201 500	实收资本	4 000 000
固定资产	5 000 000	盈余公积——法定盈余公积	1 950 000
累计折旧	751 500	利润分配——未分配利润	781 000

二、业务操作

总账业务：

(1) 1月2日,中国银行深圳分行收到东方机电货款人民币800 000元,对应的业务编号为DFDJ070205。

(2) 1月5日,赵彩报销差旅费6 000元,现金支付。

(3) 1月6日,总经办采购办公用品一批,共计16 009元;以中国银行深圳分行人民币账户的支票结账。

(4) 1月9日,销售一批产品给联泰公司,不含税售价120 000元,增值税率17%,暂未收款。销售业务编号：LT080109。

(5) 1月15日,从中国银行深圳分行人民币账户提现10 000备用。

(6) 1月25日,中国银行深圳分行收到菲码公司货款95 108.48美元,对应的业务编号为FM070506,当日国家外汇牌价6.800 0。

(7) 1月26日,发放本月员工工资,共计155 166元,从中国分行深圳分行人民币账户支付。

(8) 1月底,结转成本,本月销售的产品成本为85 000元。

(9) 1月底,结转本月损益。

(10) 1月底财务部对往来款进行核销,将已收回的应收款核销,将已发货的预收款核销。

月底,博文公司财务部每月需定期向上级领导提交管理费用相关明细表,请按以下表格样式制作,并定义相关取数公式,要求能够随时按查询时间统计最新数据。

管理费用表
〈显示日期〉

单位名称：博文公司　　　　　　　　　　　　　　　　　　　　　　　　　　单位：元

项目＼明细科目	本期发生额	累计发生额	备 注
工　资			
差旅费			
办公费			
合　计			

制表人：　　　　　　　会计主管：　　　　　　　审核人：

上级领导要求财务部编制应收账款明细表（通过批量填充完成）

科目代码	科目名称	核算项目代码	核算项目名称	期初余额	期末余额
1122	应收账款	001	东方机电	=ACCT("1122|客户|001","C"," ",0,0,0," ")	=ACCT("1122|客户|001","Y"," ",0,0,0," ")
1122	应收账款	002	联泰	=ACCT("1122|客户|002","C"," ",0,0,0," ")	=ACCT("1122|客户|002","Y"," ",0,0,0," ")
1122	应收账款	003	菲码	=ACCT("1122|客户|003","C"," ",0,0,0," ")	=ACCT("1122|客户|003","Y"," ",0,0,0," ")
1122	应收账款	004	大宇机械	=ACCT("1122|客户|004","C"," ",0,0,0," ")	=ACCT("1122|客户|004","Y"," ",0,0,0," ")
1122	应收账款	005	凯加	=ACCT("1122|客户|005","C"," ",0,0,0," ")	=ACCT("1122|客户|005","Y"," ",0,0,0," ")

业务操作试题答案

考点1：科目的增加和修改
系统设置→基础资料→公共资料→科目→"新增""修改"。

考点2：结束总账系统初始化
系统设置→初始化→总账系统→结束初始化。

考点3：了解凭证编制、结转损益、过账
张宏负责凭证编制及过账。

凭证编制：财务会计→总账→凭证处理→凭证录入。

1月2日　借：银行存款——中国银行深圳分行_RMB　　　800 000
　　　　　　贷：应收账款——应收国内客户款（东方机电）　800 000
　　　　　　业务编号：DFDJ070205
1月5日　借：管理费用——差旅费（赵彩）　　　　　　　6 000
　　　　　　贷：现金　　　　　　　　　　　　　　　　　6 000
1月6日　借：管理费用——办公费（总经办）　　　　　16 009
　　　　　　贷：银行存款——中国银行深圳分行_RMB　 16 009

1月9日	借：应收账款——应收国内客户款（联泰）	140 400	
	业务编号：LT080109		
	贷：主营业务收入	120 000	
	贷：应交税费	20 400	
1月15日	借：现金	10 000	
	贷：银行存款	10 000	
1月25日	借：银行存款——中国银行深圳分行_USD		
	（美元：95 108.48 汇率：6.800 0）	646 737.66	
	贷：应收账款——应收国外客户款_USD（菲码）		
	（美元：95 108.48 汇率：6.800 0）	646 737.66	
	业务编号：FM070506		
1月26日	借：管理费用——工资	155 166	
	贷：银行存款——中国银行深圳分行_RMB	155 166	
1月31日	借：主营业务成本	85 000	
	贷：库存商品	85 000	

期末结转损益：财务会计→总账→结账→结转损益（按系统默认方式结转损益，系统自动生成凭证）。

1月31日	借：主营业务收入	120 000
	贷：主营业务成本	80 000
	贷：本年利润	40 000

凭证过账：财务会计→总账→凭证处理→凭证过账→点击"开始过账"。

考点4：往来业务的核销管理

财务会计→总账→往来→核销管理→"核销"。

考点5：自定义报表制作

财务会计→报表→新建报表→新建报表文件：
(1) 格式—表属性：定义行列→定义页眉页脚。
(2) 格式—定义斜线：定义斜线类型→单元格内容。
(3) 设置 Acct 取数公式与合计 SUM 取数公式。

管理费用表
（显示日期）

单位名称：博文公司　　　　　　　　　　　　　　　　　　　　　　　　单位：元

项　目 明细科目	本期发生额	累计发生额	备　注
工　资	=ACCT("6602.01","SY"," ",0,0,0," ")	=ACCT("6602.01","SL"," ",0,0,0," ")	
差旅费	=ACCT("6602.02","SY"," ",0,0,0," ")	=ACCT("6602.02","SL"," ",0,0,0," ")	
办公费	=ACCT("6602.03","SY"," ",0,0,0," ")	=ACCT("6602.03","SL"," ",0,0,0," ")	
合　计	=SUM(B2:B5)	=SUM(C2:C5)	

制表人：　　　　　　会计主管：　　　　　　审核人：

考点6：批量填充编制报表

按"财务会计→报表→新建报表→新建报表文件"操作：首先选点"工具"→"批量填充"，再在核算项目类别处选择"客户"，选择所有的客户，在"科目"选择"应收账款"，在"取数类型"处，选择"期初数"和"期末数"，最后点击"确定"系统自动生成报表。

科目代码	科目名称	核算项目代码	核算项目名称	期初余额	期末余额
1122	应收账款	001	东方机电	=ACCT("1122|客户|001","C","",0,0,0,"")	=ACCT("1122|客户|001","Y","",0,0,0,"")
1122	应收账款	002	联泰	=ACCT("1122|客户|002","C","",0,0,0,"")	=ACCT("1122|客户|002","Y","",0,0,0,"")
1122	应收账款	003	菲码	=ACCT("1122|客户|003","C","",0,0,0,"")	=ACCT("1122|客户|003","Y","",0,0,0,"")
1122	应收账款	004	大宇机械	=ACCT("1122|客户|004","C","",0,0,0,"")	=ACCT("1122|客户|004","Y","",0,0,0,"")
1122	应收账款	005	凯加	=ACCT("1122|客户|005","C","",0,0,0,"")	=ACCT("1122|客户|005","Y","",0,0,0,"")

实务题二　财务会计/总账＋报表＋固定资产

业务案例背景

博文有限公司是一家以生产经营电子玩具为主的工业企业，公司拟定于2014年1月1日开始正式使用ERP财务系统进行会计核算，其中固定资产使用固定资产系统进行核算与管理。

该公司记账本位币为"人民币"。会计期间采用自然会计期间。凭证字为"记"。

目前，博文公司已在实施人员的协助下，根据企业实际情况完成了部分系统初始化工作。

以下所有业务操作均使用administrator登录，以morningstar进行审核单据。

考试试题

一、按以下要求进行系统资料设置

1）建账

（1）账套名称：博文有限公司。

（2）账套类型：标准供应链解决方案。

（3）账套启用年期：2014.1.1。

2）基础资料设置

（1）凭证字：增加凭证字为"记"字。

(2) 币别

代码	名称	汇率	小数位数	固定汇率
RMB	人民币	1	4	否

(3) 科目：直接引入新会计制度会计科目并在其中增加以下科目。

科目代码	科目名称	外币核算	期末调汇	现金等价物	数量金额辅助核算	项目辅助核算
6601.01	销售费用——折旧费					
6602.01	管理费用——折旧费					√（部门）
6602.02	管理费用——办公费					√（部门）
6602.03	管理费用——薪酬福利费					√（部门）

(4) 单位：增加计量单位组"固定资产"，并增加计量单位"台""栋"。
(5) 部门：采购部、销售部、财务部、行政管理部。
(6) 固定资产系统录入系统初始化数据。
① 在固定资产管理系统参数中选中"变动使用部门当期折旧按原部门进行归集"选项。
② 增加固定资产类别

代码	名称	使用年限	净残值率	计量单位	预设折旧方法	固定资产对应科目	累计折旧对应科目	固定资产减值准备科目
001	办公设备	5	5	台	平均年限法	1601	1602	1603
002	建筑物	30	10	栋	平均年限法	1601	1602	1603

③ 增加存放地点： 01 办公室　　02 销售部　　03 其他
④ 增加固定资产原始卡片

资产类别：办公设备 资产编码：A102 资产名称：传真机 计量单位：台　数量：1 入账日期：2013-10-01 存放地点：销售部 经济用途：经营用 使用状况：正常使用 变动方式：购入	固定资产科目：1601 累计折旧科目：1602 使用部门：销售部 折旧费用科目：6601.01	币别：人民币 汇率：1 原币金额：6 000 开始使用日期：2013-10-01 预计使用期间数：60 已使用期间数：12 累计折旧：1 500 折旧方法：平均年限法 折旧政策：常用折旧政策
资产类别：建筑物 资产编码：A101 资产名称：综合办公楼 计量单位：栋　数量：1 入账日期：2010-12-05 存放地点：其他 经济用途：经营用 使用状况：正常使用 变动方式：购入	固定资产科目：1601 累计折旧科目：1602 使用部门：行政管理部 折旧费用科目：6602.01	币别：人民币 汇率：1 原币金额：5 000 000 开始使用日期：2010-12-05 预计使用期间数：360 已使用期间数：60 累计折旧：750 000 折旧方法：平均年限法 折旧政策：常用折旧政策

(7) 将固定资产初始化数据传送至总账。

(8) 结束固定资产管理系统初始化。

(9) 总账录入系统初始化数据,如下表所示。

科目名称	借方余额	科目名称	贷方余额
现金-RMB	6 500	应付职工薪酬	50 000
银行存款-RMB	1 250 000	应交税金——未交增值税	20 000
固定资产	5 006 000	实收资本	4 000 000
累计折旧	-751 500	利润分配——未分配利润	1 441 000

(10) 结束总账系统初始化。

二、业务操作

(1) 5日,将传真机的存放地点由"销售部"改为"办公室"。

(2) 因楼市下跌,月末为综合办公楼,按原值的5‰计提减值准备,并为该业务生成凭证。

(3) 月末,计提折旧费用。

(4) 自动对账后,期末结账。

(5) 行政部报销办公用品1 000元,现金支付。其中采购部承担100元、销售部承担200元、财务部承担300元、行政管理部400元。由于此类业务经常发生,将该凭证保存为模式凭证备以后调用。

(6) 设计管理费用——办公费的多栏账。

(7) 结转损益后结账。

(8) 博文公司财务部每月需定期向上级领导提交管理费用相关明细表,请按以下表格样式制作,并定义相关取数公式,要求能够随时按查询时间统计最新数据。

管理费用表

〔显示日期〕

单位名称:博文公司　　　　　　　　　　　　　　　　　　　　　　　　　单位:元

明细科目 \ 项目	本期发生额	累计发生额	备注
管理费用——薪酬福利费			
管理费用——折旧			
管理费用——办公费			
合　计			

制表人:　　　　　　　　会计主管:　　　　　　　　审核人:

(9) 设置财务部员工张宏对该报表有完全控制权限。

业务操作试题答案

考点1：固定资产系统参数修改、固定资产变动业务处理

1）初始化

系统设置→系统设置→固定资产管理→系统参数：将其中"变动使用部门当期折旧按原部门进行归集"选项取消。

财务会计→固定资产管理→业务处理→工具→将初始数据传送总账。

2）业务操作

（1）财务会计→固定资产管理→业务处理→变动处理：

选择固定资产传真机→"变动"→修改存货地点"销售部"改为"办公室"。

选择固定资产综合办公楼→"减值准备"，按原值的5%计提减值准备。

（2）财务会计→固定资产管理→业务处理→凭证处理→

选择分录→"按单"生成凭证。

（3）财务会计→固定资产管理→期末处理→计提折旧。

（4）财务会计→固定资产管理→期末处理→自动对账：

保存—自动对账方案，对账。

财务会计→固定资产管理→期末处理→期末结账。

考点2：总账系统带核算项目的凭证录入、保存模式凭证、多栏账、凭证过账、结转损益、期末结账

（5）财务会计→总账→凭证处理→凭证录入，核算项目可以使用F10批量填充，保存→菜单栏"文件"→保存模式凭证→选择要保存的字段。

借：6602.02 管理费用——办公费（采购部）　　100元
　　6602.02 管理费用——办公费（销售部）　　200元
　　6602.02 管理费用——办公费（财务部）　　300元
　　6602.02 管理费用——办公费（行政部）　　400元
　　贷：现金　　　　　　　　　　　　　　　　1 000元

（6）财务会计→总账→账簿→多栏账→设计→"编辑"页签→新增→输入科目6602.02→自动编排。

（7）财务会计→总账→凭证处理→凭证过账：

系统设置→系统设置→总账→系统参数，设置本年利润科目和利润分配科目。

财务会计→总账→结账→结转损益。

财务会计→总账→凭证处理→凭证过账。

财务会计→总账→凭证处理→期末结账。

考点3：自定义报表制作

财务会计→报表→新建报表→新建报表文件。

（8）格式→表属性：定义行列→定义页眉页脚。

格式→定义斜线：定义斜线类型→单元格内容。

设置Acct取数公式与合计SUM取数公式。

设置日期取数公式。

管理费用表

{=RPTDATE("YYYY-MM-DD")}

单位名称：博文公司　　　　　　　　　　　　　　　　　　　　　　　　　单位：元

项目 明细科目	本期发生额	累计发生额	备注
管理费用——薪酬福利费	=ACCT("6602.03","SY"," ",0,0,0," ")	=ACCT("6602.03","SL"," ",0,0,0," ")	
管理费用——折旧	=ACCT("6602.01","SY"," ",0,0,0," ")	=ACCT("6602.01","SL"," ",0,0,0," ")	
管理费用——办公费	=ACCT("6602.02","SY"," ",0,0,0," ")	=ACCT("6602.02","SL"," ",0,0,0," ")	
合　计	SUM(B2：B4)	SUM(C2：C4)	

制表人：　　　　　　　　　会计主管：　　　　　　　　　审核人：

（9）报表的权限控制

打开管理费用明细表→"工具"→"报表权限控制"，选择访问类型为"完全控制"，将张宏移到已授权用户。

实务题三　供应链

业务案例背景

AD有限公司是一家以生产经营电子玩具为主的工业企业，公司拟定于2014年3月1日开始正式使用ERP财务、供应链系统进行会计核算，采购、销售及各类存货出入库业务，在供应链系统中启用采购管理、销售管理、仓存管理和存货系统进行核算与管理，涉及进出口和需要检验的物料由进出口、质检模块处理。

该公司记账本位币为"人民币"。会计期间采用自然会计期间。凭证字为"记"。具体的基础资料请查看相关说明。

目前，AD公司已在实施人员的协助下，根据企业实际情况完成了部分系统初始化工作。

以下所有业务操作均使用administrator登录，以morningstar进行审核单据。

考试试题

一、按以下要求进行系统资料设置

1）建账

（1）账套名称：AD有限公司。

(2) 账套类型:标准供应链解决方案。
(3) 启用期间:2014 年 3 月。
(4) 建好后启用账套。
2) 基础资料设置
(1) 凭证字:增加凭证字为"记"字。
(2) 单位:增加计量单位组"电子狗组",并增加计量单位"只"。
(3) 客户:宏基公司   供应商:北京恒星公司   仓库:深圳仓(普通仓)。
(4) 部门:采购部、销售部、财务部、行政管理部、仓存部、质检部。
(5) 职员:赵彩(采购部)、李肖(销售部)、张宏(财务部)、林保(仓存部)、王可(质检部)。
(6) 物料
其主要内容如下表所示。

代码	类别	名称	属性	计量单位	计价方法
01	产品	彩虹狗	外购	只	加权平均法
02	产品	电子狗	自制	只	加权平均

(7) 科目:直接引入新会计制度会计科目。
(8) 进行供应链系统核算参数中设置为数量金额核算、审核时更新库存,不启用门店系统。
(9) 录入库存初始化数据,如下表所示。

代码	名称	本年累计收入数量	本年累计收入金额	本年累计发出数量	本年累计发出金额	期初数量	期初金额
01	彩虹狗	100	1 000	50	1 000	50	1 000
02	电子狗	200	4 000	100	1 000	100	1 000

在存货核算系统选项中选择"不生成外购入库暂估冲回"凭证,暂估差额选择"差额调整"方式。

注意:因为没有录入总账的相关数据,可能导致对账不平,请不要使用对账功能。

二、业务操作

(1) 3 月 5 日,采购部赵彩申请购入彩虹狗,由赵彩向北京恒星公司订购 50 只彩虹狗,购货发票下个月才到,采购单价暂定为 10 元。

(2) 3 月 10 日,向北京恒星公司订购的彩虹狗到了 AD 公司,由质检部王可负责检验,但是只有 30 只彩虹狗合格,不合格数量作让步处理入库,由仓存部林保负责入深圳仓。

(3) 3 月 15 日,仓存部林保盘点深圳仓,盘点后发现多了 5 只彩虹狗,但是少了 3 只电子狗。

(4) 3 月 18 日,向宏基公司销售了 20 只电子狗,销售单价为 20 元,销售成本为 10 元,其中 10 只电子狗做分期收款处理。

(5) 3月20日,宏基公司收到的20只电子狗中需要维修,由质检部王可负责维护,王可在维护中发现宏基公司可能也会需求彩虹狗,于是对此进行跟进,在本月没有任何阶段推进,需继续跟进。

(6) 3月31日,财务部张宏进行期末处理,先进行入库核算,发现有盘盈单没有录入单价,以最新入库价进行更新,再进行出库核算,核算成功后进行凭证处理,完成后结账。

业务操作试题答案

1. 考点1:普通采购流程中采购申请单录入

供应链→采购管理→采购申请→采购申请单→录入。

考点2:普通采购流程中采购订单录入

供应链→采购管理→采购订单→采购订单→录入,关联采购申请单生成。

2. 考点1:采购检验流程采购检验申请单录入

供应链→质量管理→采购检验→采购检验申请单→录入,注意需要关联在采购管理中录入的采购订单进行采购检验申请单录入。

考点2:采购检验流程中采购检验单录入

供应链→质量管理→采购检验→采购检验单→录入,注意关联采购检验申请单生成,对于检验结果处理。

考点3:采购检验流程中检验不合格品让步入库通过采购不良品处理单

供应链→质量管理→采购检验→采购不良品处理单→录入,注意关联采购检验单生成,审核时会把让步数量反写关联的采购检验申请单。

考点4:采购检验后暂估入库

供应链→仓存管理→外购入库→外购入库单→录入,注意关联采购检验申请单生成。

3. 考点1:盘点处理

供应链→仓存管理→盘点作业,先建立盘点方案,是对深圳仓即时库存进行盘点,备份盘点数据后录入实仓数量,注意造成了盘盈单和盘亏单,在盘点处理中需重新审核单据。

4. 考点1:普通销售出库

供应链→仓存管理→销售出库→销售出库单→录入。

考点2:分期收款销售出库

供应链→仓存管理→销售出库→销售出库单→录入,销售方式是分期收款。

5. 考点1:服务管理

登录CRM系统,增加服务,注意需要由历史销售出库单生成。

考点2:商机管理

登录CRM系统,增加商机。

6. 考点1:入库核算

供应链→存货核算→入库核算→存货暂估。

考点2:无单价单据维护

供应链→存货核算→无单价单据维护→更新无单价单据。

考点3:出库核算

供应链→存货核算→出库核算→材料出库核算,核算彩虹狗。

供应链→存货核算→出库核算→产成品出库核算,核算电子狗。

考点 4：凭证处理

供应链→存货核算→凭证处理→生成凭证,选择外购入库单事务类型,注意模板中贷方取物资采购或应付暂估款。

供应链→存货核算→凭证处理→生成凭证,普通销售出库选择模板销售出库——赊销,分期收款销售选择模板销售出库——分期收款。

考点 5：期末结账

供应链→存货核算→期末处理→结账。

实务题四　生产制造 1

业务案例背景

A 是一家生成 MP4 的电子制造企业,公司拟定于 2014 年 7 月 1 日开始正式使用 ERP 供应链、生产计划系统进行采购、销售、存货出入库业务及核算工作,同时,通过 MRP 系统将企业外部销售市场对企业的销售需求转化为企业内部的生产需求和采购需求,将销售计划转化为生产计划和采购计划。

该公司记账本位币为"人民币"。会计期间采用自然会计期间。凭证字为"记"。具体的基础资料请查看相关说明。

目前,A 公司已在实施人员的协助下,根据企业实际情况完成了部分系统初始化工作。以下所有业务操作均使用 administrator 登录,以 morningstar 进行审核单据。

考试试题

一、按以下要求进行系统资料设置

1) 建账

(1) 账套名称：A 电子有限公司。

(2) 账套类型：标准供应链解决方案。

(3) 启用期间：2014 年 7 月。

(4) 建好后启用账套。

2) 基础资料设置

(1) 凭证字：增加凭证字为"记"字。

(2) 单位：增加计量单位组"数量组",并增加计量单位"PCS"。

(3) 客户：珠海大成贸易有限公司　仓库：原材料仓、产成品仓。

(4) 部门：销售部、PMC 部、生产部、采购部。

(5) 职员：李平(销售部)、王小艳(PMC)、张兵(生产部)、吴德平(采购部)。

(6) 物料

其主要内容如下表所示。

代码	类别	名称	属性	计量单位	计划策略	计划模式	固定提前期	变动提前期	变动提前期批量	计价方法
01	产品	MP4	自制	PCS	MRP	MTS	0	20	1	加权平均法
02	原材料	外壳	外购	PCS	MRP	MTS	0	100	1	加权平均法
03	原材料	机芯	外购	PCS	MRP	MTS	0	100	1	加权平均法
04	原材料	包装	外购	PCS	MRP	MTS	0	100	1	加权平均法

（7）BOM 结构（如下表所示）

BOM 组别	父项物料代码	物料名称	数量	单位
产 品	01	MP4	1	PCS
子项物料代码	物料名称	单 位	用 量	单 位
02	外 壳	PCS	1	PCS
03	机 芯	PCS	1	PCS
04	包 装	PCS	1	PCS

（8）工厂日历：周六、周日为非工作日。

（9）科目：直接引入新会计制度会计科目。

（10）进行供应链系统核算参数中设置为数量金额核算、审核时更新库存，不启用门店系统。

二、业务操作

（1）7月1日，销售部接到珠海大成贸易有限公司订购 100 PCS MP4 的订单，订单交货日期为 7 月 10 日。

（2）7月1日，PMC 部针对此订单进行 MRP 运算，只考虑毛需求，并进行评估审核。

（3）7月4日，PMC 部将此生产计划、采购计划投放生成相应的生产任务单和采购申请单。

业务操作试题答案

1. 考点 1：录入销售订单

供应链→销售管理→销售订单→销售订单→新增，新增销售订单。

2. 考点 1：设置 MRP 计划方案

计划管理→物料需求计划→系统设置→MRP 计划方案维护。

考点 2：设置计划展望期

计划管理→物料需求计划→系统设置→计划展望期维护。

考点 3：MRP 计算

计划管理→物料需求计划→MRP 计算→MRP 计算，注意进行低位码维护。

考点 4：MRP 查询

计划管理→物料需求计划→MRP 查询→MRP 运算结果查询。

考点5：MRP维护

计划管理→物料需求计划→MRP维护→MRP计划订单→维护，对计划订单进行调整修改并审核。

3. 考点1：投放生产任务单和采购申请单

计划管理→物料需求计划→MRP维护→MRP计划订单→维护。

实务题五　生产制造2

业务案例背景

B是一家以生产塑胶模具为主的制造企业，公司拟定于2014年7月1日开始正式使用ERP供应链、生产计划系统进行采购、销售、存货出入库业务及核算工作，同时，通过生产任务管理模块管理产品投产、领料、任务汇报、产品入库情况。

该公司记账本位币为"人民币"，会计期间采用自然会计期间，凭证字为"记"，具体的基础资料请查看相关说明。

目前，B公司已在实施人员的协助下，根据企业实际情况完成了部分系统初始化工作。

以下所有业务操作均使用administrator登录，以morningstar进行审核单据。

考试试题

一、按以下要求进行系统资料设置

1）建账

账套名称：B五金塑胶模具制品有限公司。

账套类型：标准供应链解决方案。

启用期间：2014年7月。

建好后启用账套。

2）基础资料设置

（1）凭证字：增加凭证字为"记"字。

（2）单位：增加计量单位组"数量组"，并增加计量单位"PCS"。

（3）客户：深圳红彤公司　仓库：原材料仓、产成品仓。

（4）部门：销售部、PMC部、生产部。

（5）职员：张明（销售部）、李红（PMC）、王强（生产部）。

（6）物料

其主要内容如下表所示。

代码	类别	名称	属性	计量单位	计价方法
01	产品	塑胶模具	自制	PCS	加权平均法
02	原材料	ABS树脂	外购	PCS	加权平均法

(7) BOM 结构(如下表所示)

BOM 组别	父项物料代码	物料名称	数　量	单　位
产品	01	塑胶模具	1	PCS
子项物料代码	物料名称	单　位	用　量	单　位
02	ABS 树脂	PCS	10	PCS

(8) 工厂日历：周六、周日为非工作日。

(9) 科目：直接引入新会计制度会计科目。

(10) 进行供应链系统核算参数中设置为数量金额核算、审核时更新库存,不启用门店系统。

二、业务操作

(1) 7月1日,销售部接到红彤公司订购50PCS塑胶模具的订单,7月9日交货。

(2) 7月1日,PMC部向生产部发出来源于深圳红彤公司的50PCS产品的生产任务单。

(3) 7月2日,生产部投入物料开始生产。

(4) 7月7日,生产部完成生产任务进行汇报。

(5) 7月8日,产品入库。

业务操作试题答案

1. 考点1：销售订单录入、审核

供应链→销售管理→销售订单→销售订单→新增,新增销售订单。

2. 考点1：生产任务单录入、确认、下达

生产管理→生产任务管理→生产任务→生产任务单→新增,关联销售订单生成。

3. 考点1：生产投料单维护

生产管理→生产任务管理→生产投料→生产投料单→维护。

考点2：领料

生产管理→生产任务管理→生产投料→生产投料单→维护,进行配套领料。

或"用生产管理→生产任务管理→生产任务→生产任务单→维护"进行操作,由生产任务单下推生成领料单。

4. 考点1：任务单汇报录入、审核

生产管理→生产任务管理→任务单汇报→任务单汇报→新增。

5. 考点1：产品入库单来源参数设置及入库操作

生产管理→生产任务管理→生产任务单→生产任务单→维护,关联生产任务单生成。

生产管理→生产任务管理→任务单汇报→任务单汇报→维护,关联任务单汇报生成。

实务题六 人力资源/薪酬核算

业务案例背景

海浩集团属下的深圳海浩公司是一家机加工企业,产品畅销海内外,集团还设立了其他配套公司。为了提升公司的管理效率,公司决定于2014年1月开始正式使用人力资源管理系统。主要会应用到绩效管理、职员管理、薪酬管理、考勤、报表以及培训招聘模块。

目前,深圳海浩公司已在实施人员的协助下,根据企业实际情况完成了部分系统初始化工作。

账套:

账套名称:深圳海浩公司

账套初始化为2014年1月1日,自然月份作为会计期间。

职务体系:

职务类型	职务	职级	职等
管理类	总裁	集团总裁	1
		集团副总裁	2
	总监	资深总监	3
		高级总监	4
	总经理	总经理	4
		副总经理	6
	部门经理	部门经理	6
技术类	技术员	高级技术员	4
		中级技术员	6
	工程师	高级工程师	2
		中级工程师	6
文职类	人事	初级人事专员	6
		高级人事专员	3
	文员	初级文员	7
		高级文员	4
市场类	市场专员	初级市场专员	7
		高级市场专员	5
营销类	销售经理	高级销售经理	2
		中级销售经理	5
	销售专员	高级销售专员	3
		中级销售专员	7

组织架构,如下图所示。

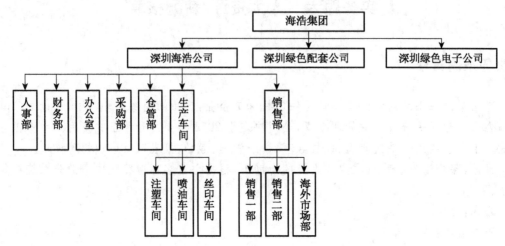

目前公司职员,如下表所示。

部门	姓名	性别	职位	出生日期	身份证号	入公司时间
深圳海浩公司	金锡明	男	总经理	1963-03-31	362502196303313012	1990-09-24
人事部	杨峥	男	人力资源总监	1976-05-26	462508197605263332	2006-05-25
	韦祎	男	培训专员	1967-04-23	342601196704230877	2005-06-05
	张兰	女	招聘专员	1976-01-31	510102197611120028	2002-09-02
	刘百	男	绩效专员	1978-12-12	345678197812120899	2006-05-01
	马川	男	薪资专员	1980-12-09	320324198012091280	1992-09-25
财务部	贾全	男	财务总监	1975-01-30	320301197501300578	2003-09-02
	满军	男	会计	1962-11-22	150404196211221547	1992-09-25
	冯塞	男	出纳	1969-01-01	310303196901017556	1992-09-25
办公室	宋超	男	办公室主任	1978-01-01	110000197801017734	1995-09-25
采购部	吴伟	男	采购部经理	1978-06-30	430001197806305227	2005-09-20
	崔小燕	女	采购专员	1974-10-01	512125197410010041	2005-09-20
仓管部	陈鱼	男	仓管部经理	1976-09-26	320101197609263275	1992-09-01
	何佳	女	仓管员	1950-12-31	320202195012312121	2005-09-30
生产车间 注塑车间	张明	男	注塑车间主管	1960-06-30	125541196006307451	1992-09-02
	刘昆	男	技术员	1980-03-20	340101198003207575	1992-09-25
	江山	男	技术员	1977-02-12	568904197702125212	2002-09-25
喷油车间	贾俊	男	喷油车间主管	1969-07-15	320102196907153772	2005-09-20
	李琳	女	技术员	1978-09-20	340202197809201752	1992-09-01
丝印车间	陈青	女	丝印车间主管	1980-02-22	320101198002223667	1992-09-01

续表2-3

部门		姓名	性别	职位	出生日期	身份证号	入公司时间
销售部	销售二部	李勇	男	销售二部经理	1972-07-31	5101021972073 10834	2002-01-12
		杨正	男	销售代表	1970-06-30	125541197006304456	1992-09-25
	销售四部	杨川	男	销售四部经理	1975-12-30	320324197512301281	2005-09-30
	海外市场部	杨柳	女	海外市场部经理	1970-06-30	125541197006307856	1992-09-25
		陈丹	女	销售代表	1979-03-20	430101197903203368	2004-09-02

公司最近一年业务不断发展壮大，传统的手工计算工资方式已经很难满足公司发展的需要。为了规范化管理员工的工资发放，公司需要使用薪酬核算系统对员工的工资进行管理和计算，而公司也专门指定了薪资专员来处理这些工作。这些工作主要包括：类别管理、部门管理、职员管理、工资项目管理、公式设置、工资录入、工资计算等。

以下系统设置均由administrator来完成，业务部分由薪资专员马川(MC)来完成。

考试试题

一、请设置薪资专员马川(MC)薪酬核算菜单的功能操作权限和工资系统的数据管理权限，权限范围为深圳海浩公司。

二、请建立一个工资类别，该类别对应的组织机构为深圳海浩公司人事部。

三、从人事系统中导入部门和职员信息。

四、增加以下工资项目：津贴、月度奖金、税后所得。

五、设置人事部工资计算公式

设置要求：

如果基本工资小于等于2 200，津贴为1 000；

如果基本工资大于2 200小于等于3 000，津贴为1 500；

如果基本工资大于3 000，津贴为2 000。

应发合计＝基本工资＋月度奖金＋津贴；税后所得＝应发合计－代扣税。

六、录入人事部职员的工资数据

人事部职员的工资数据如下表所示。

部门名称	职员姓名	基本工资	月度奖金
人事部	杨峥	3 750.00	2 845.54
	韦祎	2 145.00	1 905.21
	张兰	2 750.00	2 145.00
	刘百	3 000.00	2 288.00
	马川	2 200.00	1 525.00

七、计算所得税，所得项目为基本工资＋奖金，基本扣除数为1600。

八、计算工资，并引入所得税。所得税引入项目为：代扣税。

业务操作试题答案

1. ✍考点：薪酬核算和工资系统授权

考点1：人力资源系统薪酬核算功能操作权限及查看范围

（1）Administrator登录"HR系统→系统设置→用户与权限→功能操作权限"，选择用户（MC）点击"权限设置"来设置"薪酬核算"的功能操作权限。

（2）从"权限列表"选择"薪酬核算"点击"设置与查看范围"勾选深圳海浩公司。

考点2：主控台设置工资系统数据操作权限

Administrator登录"主控台→系统设置→用户管理"，选择用户（MC）设置"工资"的管理权限；勾选"查询权"和"管理权"，然后点击"授权"按钮。

2. ✍考点：工资类别设置

考点1：工资类别的建立

进入"薪酬核算→个人核算设置→类别选择"，新建工资类别，是否多类别选择"否"，机构名称选择深圳浩海公司人事部。

3. ✍考点：部门和职员数据导入

考点1：部门数据的导入

选择第二步建立的工资类别，进入"薪酬核算→个人核算设置→类别管理→人事应用"，建立部门导入方案，导入数据类别为"部门"、源数据信息为"组织架构"、勾选"同步部门、职员"选项，点击"自动匹配"按钮，保存方案，然后导入。

考点2：职员数据的导入

进入"薪酬核算→个人核算设置→类别管理→人事应用"，建立职员导入方案，导入数据类别为"职员"、源数据信息为"员工档案"、勾选"同步部门、职员"和"同步职员时同时更新职员所属部门"选项，点击"自动匹配"按钮，保存方案，然后导入。

4. ✍考点：工资项目管理

考点1：工资项目的新增

进入"薪酬核算→个人核算设置→项目管理"，分别增加工资项目：津贴、月度奖金、税后所得，数据类型选择为"货币"，小数位2位。

5. ✍考点：设置公式

考点1：工资项目的新增

进入"薪酬核算→个人核算设置→公式设置"，新增公式，然后检测通过并保存。

公式内容如下：

如果 基本工资<=2200 且 基本工资>0 则
  津贴=1000
如果完
如果 基本工资>2200 且 基本工资<=3000 则
  津贴=1500
如果完
如果 基本工资>3000 则

津贴＝2000
如果完
应发合计＝基本工资＋月度奖金＋津贴
税后所得＝应发合计－代扣税

6. 考点：工资录入

考点1：薪资修改方案设置

进入"薪酬核算→个人薪酬核算→薪资修改"，设置薪资修改方案，计算公式选择第五步中设置的公式。项目页签可以选择部门名称、职位名称、职员姓名，必须选择的项目：公式中涉及的，比如基本工资、津贴、应发合计、月度奖金、税后所得、代扣税等。过滤页签设置过滤条件"部门＝'人事部'"。

设置完毕，保存方案。

考点2：工资录入

选择设置好的方案，点击"确定"按钮，进入工资录入界面，按照题目中的工资数据，分别录入基本工资和月度奖金数据，然后保存。

7. 考点：所得税计算

考点1：所得税计算方案设置

进入"薪酬核算→个人薪酬核算→所得税计算"，设置所得税计算方案，计算方法选择"本次"，过滤页签设置过滤条件"部门＝'人事部'"。

设置完毕，保存方案。

考点2：所得项设置

选择设置好的方案，点击"确定"按钮，进入个人所得税批量录入界面，增加所得项：基本工资和月度奖金，属性均为增项，然后保存。

考点3：税率设置

个人所得税批量录入界面，增加税率，使用"含税级距"然后保存。

考点4：个人所得税初始设置

个人所得税批量录入界面，设置个人所得税初始设置方案，基本扣除输入：1600。然后保存。

考点5：个人所得税计算

选择设置好的个人所得税初始设置方案进行所得税计算。计算完成，保存。

8. 考点：工资计算

考点1：工资计算

进入"薪酬核算→个人薪酬核算→薪资计算"，选择第六步设置好的方案，勾选"是否引入所得税"，引入项目选择"代扣税"，然后进行计算。

计算完毕，在"薪资修改"中查看计算结果是否正确。

参考文献

[1] 金蝶软件(中国)有限公司.金蝶K/3标准财务培训教材.北京：机械工业出版社,2011
[2] 金蝶软件(中国)有限公司.金蝶K/3生产制造培训教材.北京：机械工业出版社,2011
[3] 金蝶软件(中国)有限公司.金蝶K/3供应链培训教材.北京：机械工业出版社,2011
[4] 毛华扬.会计信息系统原理与方法.北京：清华大学出版社,2011
[5] 李震.ERP原理、应用于实践.北京：清华大学出版社,2012
[6] 邱立新.ERP原理与应用.北京：北京大学出版社,2013